极限化降成本

极速砍削成本的 21 板斧

Limiting Cost Reduction
21 Axes that Cut Cost Quickly

陆久刚　徐回生　廖为富　著

中国科学技术出版社

·北 京·

图书在版编目（CIP）数据

极限化降成本：极速砍削成本的 21 板斧 / 陆久刚，
徐回生，廖为富著 . —北京：中国科学技术出版社，
2021.05

ISBN 978-7-5046-8667-1

Ⅰ. ①极… Ⅱ. ①陆… ②徐… ③廖… Ⅲ. ①企业管
理 – 成本管理 – 研究 – 中国 Ⅳ. ① F279.23

中国版本图书馆 CIP 数据核字（2020）第 237281 号

策划编辑	杜凡如　戚琨琨
责任编辑	杜凡如
封面设计	马筱琨
版式设计	锋尚设计
责任校对	焦　宁
责任印制	李晓霖

出　　版	中国科学技术出版社
发　　行	中国科学技术出版社有限公司发行部
地　　址	北京市海淀区中关村南大街 16 号
邮　　编	100081
发行电话	010-62173865
传　　真	010-62173081
网　　址	http://www.cspbooks.com.cn

开　　本	880mm×1230mm　1/32
字　　数	150 千字
印　　张	7.125
版　　次	2021 年 5 月第 1 版
印　　次	2021 年 5 月第 1 次印刷
印　　刷	北京盛通印刷股份有限公司
书　　号	ISBN 978-7-5046-8667-1/F·922
定　　价	59.00 元

缔造企业组织力

中国企业在取得长足发展的同时也迎来了新的挑战期。除了商业模式的创新，企业还要重视技术、产品、服务和市场方面的创新。然而，最重要的基础课题是提高核心业务流程的有效性，在这方面，中国企业需要进一步钻研。

这对企业运用工业工程、价值工程、统计技术和信息技术，作为组织实现损失最小化和效率最大化的能力提出了要求。

技术和制造是营销的一部分，市场营销是从产品—服务的开发到销售的全过程，也就是经营本身。经营的本质是提高企业的流动性。

建立营销—研发—生产一体化的产品开发机制，实现客户轴、产品轴和供应链轴三轴联动是很重要的。

营销必须标准化，营销务必标准化。东京大学藤本隆宏教授说："通过强化内在竞争力，实现强大的外在竞争力，从而在价格竞争市场中创造非价格竞争力。"我认为这不是理论观点，而是具体的经营手法。

零牌顾问机构基于缔造企业组织力的需要，推出面向企业家、职业经理人和新时代员工的"零牌管理书系"，我借此机会向大家推荐这一系列书籍。

木元哲

松下（中国）前总裁

中国企业进入了文化引领未来、战略驱动发展和人才赋能组织的新时代。

零牌顾问机构深入企业经营一线、融入客户团队，是实战派、落地型咨询公司。其出版的管理书系为企业高质量发展提供助力。唐人神集团与零牌顾问机构战略合作，继续为中国大农业做贡献。

陶一山

唐人神集团创始人、董事长

新冠疫情来袭迫使企业不同程度上按下暂停键。如何穿越危机，强健体质，提高组织免疫力是企业经营者共同关注的主题。

祖林老师及零牌顾问机构团队长期深耕中国制造企业，以智力兴企、产业报国为使命，探讨企业如何化危为机、迈向长寿企业之道，值得我们深入学习。

欧阳桃花

北京航空航天大学经管学院教授、博士生导师，经营学博士

企业在不同发展阶段面临不同的挑战甚至危机，战战兢兢、如履薄冰，主动推动组织变革，在持续创业、接力经营中不断提高企业的成熟度，

修炼组织智慧，这条路永无止境。

零牌顾问机构20年市场历练，以国际视野和专业能力为不同行业、不同地域和不同发展阶段的企业提供智囊服务，是企业值得信赖的战略伙伴，零牌管理书系承载了他们的实践智慧和价值分享，值得品读。

刘永刚

江苏省建筑科学研究院有限公司副董事长、院长

在哈尔滨中央红集团，我们特别推崇一个"钻"字。钻是一种专注，钻是一种执着，钻是一种深入。我们每个人都在学习中成长，在钻研中成才，在积累中提升。喜欢钻研的人不只有钻劲儿，他们大多都会用勤奋来为自己正名。祖林老师及零牌顾问机构团队就是这样一批爱"钻"又勤奋的人。

这套零牌管理书系，既是他们长期耕耘于企业管理咨询一线的辛勤成果，也是中国企业这些年飞速成长的精彩缩影。

我推荐大家一起来阅读，一起来做"有灵魂"的企业，做有"生命力"的企业。

栾　芳

哈尔滨中央红集团股份有限公司董事长

我特别推荐祖林老师的著作《危机应激：升级企业免疫力》。这本书里有句话说得特别好："抓住正在涌来的战略机遇，建立新的肌体免疫力。"面对新冠疫情，品胜的经营目标不仅没有受到大的影响，反而实现了增长。这种"免疫力"的建立，一方面是因为品胜是一家特别愿意去"折腾"的企业，愿意主动去迎接变革，另一方面是因为品胜抓住了产业互联网的战略机遇，开启了PISEN MORE生态战略，找到了全新的增长极。

我们现在的梦想是"把华强北装进品胜"，希望把中国的3C数码行业装进品胜。在此，也祝愿零牌未来能把更多的优质管理创新思维"装进"企业家的头脑里，帮助更多的中国企业渡过危机，实现可持续经营，创造出越来越多健康长寿的中国企业。

赵国成

品胜股份董事长

当前，疫情及其"后遗症"破坏了不少行业很多企业原有的发展路径。行业与市场是触底或是攀升成为企业最关心的课题，企业家该如何精准定位当前经济形势？如何解码企业增长新路径？这套零牌管理书系宛如黑夜里的明灯，为砥砺前行中的企业指引了方向。

这套书的创作历程，就像登山的过程，都是在打造"自我韧劲"，也是被"自我韧劲"所引领。这种韧劲无声，却如光与火，让我们在面对困难或者逆境时能有效应对和适应，在压力的威胁下能够顽强持久、坚韧不拔，在挫折后能成长和新生！

谨以华耐家居所信奉并坚持的八个字"征无止境，勇于攀登"，祝愿本套书系畅销！

李　琦

蚁安居董事长、华耐家居副董事长

从硬性技术到软性技巧、从扎实的理论基础到丰富的实战经验、从西方管理科学的量化与严谨到东方管理哲学的睿智和圆通，零牌顾问机构把挂在墙上、印在书上、传播在手机上的一场场成功的企业变革摘下来，落地成行之有效的方法，从创新管理和创新产品两个方面以双轮驱动的方式助力企业自身的可持续发展，把企业体内的衰老因子赶出去，焕活企业、再造企业。

就像零牌顾问机构一直秉持的"智力兴企、产业报国"，其出版的零牌管理书系不仅仅是"中国经管类口袋书"，更是企业的第三只眼睛、第三方力量，为中国企业整合全球资源，提供源源不断的管理方法，实现企业核心力量的实效落地、实务发展。

谢　坚

红星美凯龙家居集团总裁兼装修产业集团CEO

智力兴企　产业报国

祖　林　零牌顾问机构董事长兼技术导师

　　为朋友救场的一堂企业物流管理实务课，直接导致一个中国咨询机构的诞生。从2001年4月8日第一次正式向客户提交项目方案发展至今，零牌顾问机构创立已二十年左右，见证了中国企业融入全球经济一体化的过程，参与了中国企业持续变革、崛起于世界舞台的历史进程。2020年9月3日，零牌北京总部入驻开业，广州和北京双总部，零牌顾问机构进入了南北同步驱动、赋能全国企业的新征程。

　　二十年来，零牌顾问机构经历了组建工作室（零牌专家组）、知识产品开发、成立公司、品牌再造、全面业务拓展、覆盖全国市场和迈向全球业务等多个阶段，现在是一家有一定影响力和知名度的全国性咨询机构。

　　2005年9月，作为零牌顾问机构创始人，初露头角的我进入华南理工大学工商管理学院兼职任教，担任生产运营管理课程教学工作；2009年5月，被聘为中山大学高等继续教育学院兼职教授，主讲组织行为学；之后，我陆续在清华大学继续教育学院、华中科技大学管理学院等商学院受聘担任课程教授。2010年起，零牌顾问机构的专家团队已经常态化地在华南理工大学和中山大学的讲台上为中国产业发展服务，十多年大学工商管理教学历练，极大地推进了零牌顾问机构的理论体系建设。

助力企业提升一体化运营水平，重塑市场竞争力

零牌顾问机构聚焦于企业一体化运营研究（图1），帮助企业打通营销、研发和生产，通过一体化运营快速响应市场，实现战略、流程和组织一体化，推动理念层、战略层和运营层一体化，通过跨界学习突破发展瓶颈。

简而言之，零牌顾问机构是一家为企业提供全职能模块辅

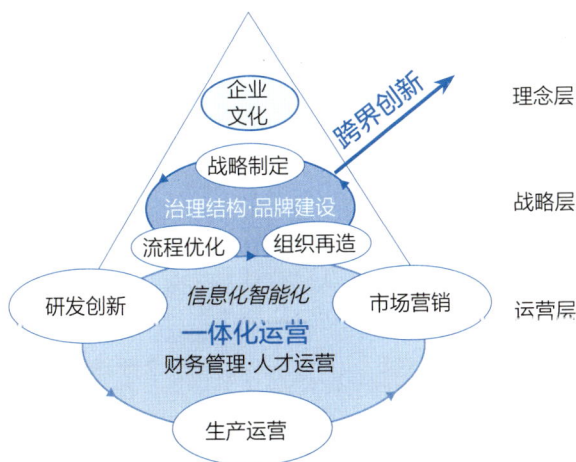

图1　企业一体化运营

导的咨询公司，我们没有局限于人力资源或精益生产这样的单一模块，而是为企业提供类似全科医生这样的整体服务。

在运营层面，营销、研发、生产、财务管理、人才运营（人力资源管理）和信息化智能化（架构设计）六大模块，我们都有非常成功的案例；在战略层面，中期战略制定、组织再造、品牌建设、流程优化、治理结构和跨界创新六大模块，我们每年都有五十个以上的项目，在顶层设计上协助企业蜕变成长；在二代接班、员工代际转换和新业态涌现的历史阶段，企业文化建设也是很多企业加强软实力的重要工作，从2014年开始，零牌顾问机构陆续为先尼科（上海）、劳卡全屋定制、恒基地产集团、远华新材和厦门及时雨焊料等数十家企业提供了专业辅导，覆盖精神文化萃取、文化体系构建、文化传媒企划和行为文化建设等。

我们帮助企业建设硬实力和软实力，通过提高内在竞争力进而提高外在竞争力，不仅提高价格竞争力，还同步提高非价格竞争力，最终实现综合竞争力提升（图2）。

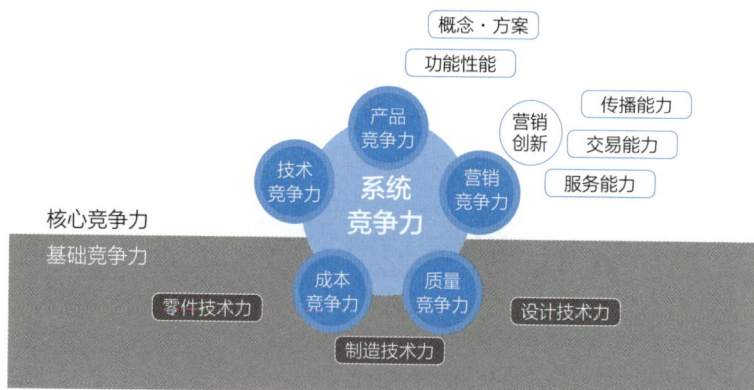

图2　企业综合竞争力提升

智力兴企，赋能中国产业

作为智囊机构，我们非常重视技术原创，二十年来，零牌顾问机构开发和建设了拥有自主知识产权的知识库，包括技术地图库、课程提纲库、讲义库、练习库、案例库、音像案例库、项目案例库、调查问卷库、试题库、原创文章库、管理书系和音像课程库等。

零牌知识库是零牌专家团队与全球前沿思想和中国本土实践一体化互动的结晶，其开发过程逐步形成了零牌顾问机构的技术创新特色。二十年来，零牌顾问机构从以现场为中心的精益生产逐步拓展到制造人力资源、销—研—产一体化，从接受华南理工大学工商管理学院关于先进制造技术（AMT）和先进制造业（AMI）的研究，逐步拓展到组织变革和企业顶层设计，关于世界级制造（WCM）和工业4.0的研究，也激发了我们帮助中国企业迈向世界级经营的动力。

无论研究领域如何演变，零牌顾问机构始终以一体化运营为内核，从营销、研发和生产一体化，到战略、流程和组织一体化，再到理念层、战略层和运营层一体化，二十年来，零牌顾问机构与时俱进，取得了一系列理论创新成果，"水样组织""一体化运营""跨界工作机制""逆算营销""营销标准化""人才盘点""降成本作战地图"……这些读来新鲜的工商管理词汇，是切实指导零牌顾问机构推动企业组织蜕变、强化国际竞争力、构建组织DNA的理论武器。

正是有理论体系的创新支持，零牌顾问机构在市场竞争中独树一帜，业务领域从培训、咨询拓展到全球跨界学习、企业家经营塾（零牌木元塾）、全球资源和智慧企业，常客户群不断扩大，从五百强外资企业、民营企业、上市公司到创业型企业，客户生命周期续创新高，零牌课堂也从中国拓展到日本、美国和德国等。

为了更好地助力中国产业，零牌顾问机构的知识产品从课程、辅导拓展到管理书籍、云课程，与客户的互动方式也从单一的线下拓宽到线上，建立了线上线下一体化的辅导和培训交付模式。

在制定第一版企业文化的时候，我们确立的愿景是：零牌顾问机构致力于成就中国管理咨询行业独具特色的顾问公司，成为员工个人成长和事业发展的平台。多年下来，从内心的追求、经营的实践和市场的反馈，我们逐步明确了零牌的特色是道术融合，推进企业三层次一体化，实战落地，持续战略陪伴；零牌人彼此成就、相融共生，由利益共同体迈上事业共同体，迈向命运共同体。

零牌管理书系，服务更多的中国企业

早在2003年，担任首席顾问的我就有一个愿望：有朝一日在一家出版社全面出版"零牌领导力书系"，随着零牌顾问机构的发展，这个愿望也日益强烈。2013年，当零牌技术地图库达到100张地图时，突然涌现了出版《零牌技术地图集》的灵感和冲动，我发现："零牌领导力书系"该破壳而出了。2015年，"零牌领导力书系"正式起航，至今已经出版11本。

2020年，中国科学技术出版社诚挚邀请零牌顾问机构将"零牌领导力书系"拓展为"零牌管理书系"，包括企业家素质、职能管理、领导力和职业素养四个维度，受众矩阵包括经营层（董事长和总经理）、管理层（中高层干部）和运营层（新时代员工），打通线上和线下，线上内容包括系列有声书、系列电子书和系列视频课，线下开设论坛、读书会和培训。这一想法与零牌顾问机构不谋而合，于是，就有了本次开始出版的零牌全新书系。

"零牌管理书系"是零牌顾问机构和中国企业的共同平台，不仅是二十年来零牌知识体系建设的结晶，而且还是零牌企业客户和优秀学员的经营实践总结，也就是说，"零牌管理书系"的作者包括零牌专家团队、中国企业家和企业干部。这一定位得到了诸多企业界朋友的热烈响应，泰豪科技股份有限公司前任副总裁刘璋先生、广州市汇奥机电有限公司董事长周祖岳先生等都表达了在"零牌管理书系"出版专著的愿望。

感怀于二十年来国内企业界对零牌顾问机构的信任和支持，投身国家产业转型和企业蜕变的时代洪流，零牌顾问机构希望以"零牌管理书系"作为另一种途径，与中国企业互动，与中国企业家互动，与广大干部员工互动，与企业经营管理实践互动。

在"零牌管理书系"面世之际，我们衷心感谢二十年来关心支持零牌顾问机构的广大客户和学员，我们特别要感谢全国知名培训师万宗平老师，华南理工大学许晓霞、谢菠兰和赖伟老师，中山大学韦小妹、刘正生老师，华中科技大学尹鹤龄和汪琼老师，北京航空航天大学欧阳桃花教授等。

在这里，作为创始人、董事长和技术导师，我还要特别感谢至今仍然奋斗在零牌顾问机构服务一线的赵雅君、怀海涛和梁莹老师，退居二线、默默支持公司发展的创始员工刁爱萍老师，特别感谢曾经为零牌发展做出贡献的聂琳、李宏迎、简建民、黄辉强、谢铨、杨彬誉、袁文、陈汉波、宁静、李煜和张帆等老师，特别感谢方行国际董事长吴培华老师、日本松下电器安本刚基先生、松下创研资深顾问大泽仁老师、日本一桥大学中国交流中心志波干雄教授、日本金桥商务社长杨金峰女士和日本万达旅运社长西内路子女士等事业伙伴。

中国科学技术出版社编辑老师为"零牌管理书系"的策划和出版贡献了智慧，付出了辛勤的劳动，在此致以衷心的感谢。

零牌顾问机构的赐福之人——松下（中国）前总裁、零牌木元塾塾长木元哲先生，为零牌顾问机构的发展和原创提供了强大的驱动力，做出了巨大的智慧贡献，我们感恩木元哲导师。

"零牌管理书系"的孕育和诞生，也得到了中国出版界张晓兰、沙林琳、刘颖、冯巩辛、王芹、张杰和王欣等老师的关怀和帮助，在此一并致谢。期待"零牌管理书系"结合零牌顾问机构的培训、咨询、全球跨界学习、企业家经营私塾、全球资源和智慧企业六大业务，开创零牌顾问机构智力兴企、产业报国的新篇章。

总成本最低
锻造企业内部竞争力

从手工作坊到现代企业的诞生，成本始终是一个绕不开的话题。如何以更加合理的成本经营企业，这是企业不断探索的问题。作为企业，内部竞争力往往决定外部竞争力的强大与否。呈现在市场上的企业外部竞争力叫差异化的竞争策略。我的产品跟其他的产品不一样，服务跟其他的产品不一样，质量要比其他的产品好，产品的性价比较高，企业的技术、交付能力更好，上述这些要素和产品外观以及品牌力等，都是外在体现，但这个能力的强弱其实是由内部竞争力决定的。当然，这两者是相辅相成、相互转换的。

内部竞争力，主要体现的其实是公司的组织流程能力，它包含着五大能力：应变能力（柔性）、质量保证能力（开发实力）、响应速度能力、安全环保能力（大健康）、成本控制能力（总成本最低）。这五大能力，最能综合体现企业竞争力的是应变能力，即应对危机、应对市场变化的能力。丰田汽车是汽车产业的知名企业，在2010年"刹车门"事件、2011年福岛核事故等一系列危机事件中，丰田怎样成为"打不死的小强"，一次又一次地站起来？在本世纪对丰田影响最大的"刹车门"事件发生仅仅一年之后，丰田在2012年重回汽车行业第一，这是何等强大的生命力体现。应变能力，是企业经营的综合积累，是企业能力的最终体现，是企业永续经营的重要保障之一。

成本竞争力，是企业竞争能力中，仅次于应变能力的竞争力。在某种程度上来说，成本竞争力为企业形成应变能力提供了最基本的弹药，因为企业利润直接跟成本相关。

这里提到的成本控制能力，其实不单指的是我常说的人工成本、材料成本之类的显性成本降低，而是使包含隐性成本在内的总成本最低。总成本最低指的是什么呢？比如上文提到的响应速度能力，这跟总成本就有很大关系。为什么？响应速度能力，在一定程度上可以用周期反映，如生产周期、服务周期、项目周期等，而有数据表明产品的完工时间节省25%，生产率就会提高一倍，成本也会下降25%。而同样地，周期越短，代表着企业的资金周转的速度也越快。2018年，广州丰田的库存周转率是64次/年，一年365天，也就是广汽丰田5~6天左右就可以将资金周转一次。与国内众多产商10次/年的周转率对比，资金优势就非常明显，银行利息支出就少了（丰田是著名的无借款经营模式）。

企业80%的成本在设计的时候就已经决定了，同样地，企业品质保证能力80%取决于产品的研发。每一次的质量损失，就是成本的损失，而且这个成本是成倍甚至是3倍（内部损失）的付出，我们称为质量损失的成本激增曲线。如果内部质量没有控制，这个损失传递到市场更加无法估算。

所以，这里提到的成本力关系到企业的方方面面，需要从源头着手进行成本力的锻造。这本《极限化降成本：极速砍削成本的21板斧》就是全景式降成本的方法，它从企业的研发、制造、供应链各方面出发，告诉我们如何去分析、降低成本，并锻造出企业自身强大竞争力。

目录
CONTENTS

第一章

成本基础：
制造成本分析与控制

本章摘要

低劳动力成本是中国过去20多年经济发展的比较优势之一，要使国内企业持久地在全球市场竞争中获得发展，必须构建差异化、低成本和快速应变三大竞争优势。

一

企业运营：
从降低成本到提高成本竞争力

全球制造中心经历了三次大转移：从欧洲到美国、从美国到日本、从日本到中国；从20世纪90年代中期开始，随着全球经济一体化和经济结构大调整，制造业大面积地由发达国家转移到中国，中国成为"世界工厂""世界车间"。

回顾历史，促使三次大转移的根本原因之一就是成本竞争，而且每经过一次大转移，都给转出地留下诸多世界级的品牌，带动转入地创造经济繁荣。

（一）利润和竞争

日本经营之神松下幸之助说："利润是社会对企业贡献的回

报。"企业存在的直接目的就是获取利润，赢利能力是企业生存和持续发展的基础，也是企业实践经营理念的重要保证。

1 企业存在的直接目的是获取利润

所谓利润，是指企业在一定期间生产经营活动的成果，即收入与费用相抵后的差额，它是反映经营成果的最终要素。利润是企业生产经营成果的综合反映，是公司、企业会计核算的重要组成部分。

企业是如何获取利润的呢？

利润=销售额-总成本=销售数量×（销售价格-单位成本）

或：

$$P=Q' \times (P'-C) \tag{1-1}$$

其中：P代表利润（Profits），Q'指销售数量（Quantity），P'即销售价格（Price），C为单位成本（Cost）。

显然，要获取一定的利润，必然要有合适的价格、一定的销售数量和有竞争力的成本，成本控制成为提高利润的重点。

成本对销售价格、销售数量有影响，同时又受Q'、Q、D、S的影响，即：

$$C=f(Q',\ Q,\ D,\ S) \tag{1-2}$$

其中，Q'是指生产数量（经济批量），Q（Quality）是指产品质量水平，D（Delivery）是指交货期、生产效率，S（Safety）是指安全及职业卫生、社会责任、环保性（包括产品环保性和工艺及生产过程环保性）和技术法规符合性。

2 企业在竞争中获取利润

企业竞争是指两个或两个以上的企业在特定的市场上通过提供同类或类似的产品或服务，为争夺市场地位或顾客而作较量，并产生优胜劣汰的结果。

在竞争性的市场环境中，价格是由市场决定的。成本竞争力决定了价格竞争力和赢利能力，也直接影响销售规模，成本控制成为企业运作的核心目标和核心内容，是一切工作的衡量标准。

（二）企业三大竞争优势

企业是靠竞争能力维持生存和发展的，通过建立竞争优势获取优秀财务绩效。中国企业全面参与全球市场竞争，务必建立差异化、低成本和快速应变三大竞争优势（图1-1），表现最优秀的公司是那些同时具备两种以上竞争优势的公司。

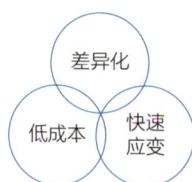

图1-1　企业必须构建的三大竞争优势

1 差异化

差异化是通过把握客户的个性化需求与特质性，向客户提供有别于竞争对手的产品和服务并恰到好处地满足客户。当客户发现该产品和服务的独特性更具吸引力时，愿意为此支付额外的价格。

采取差异化策略，能使企业更好地发现和满足目标客户，提高客户的品牌忠诚度，降低购买者对价格的敏感度，使企业获取更好的利润回报。

企业的差异化优势主要是通过营销和设计部门创造，通过生产和其他职能部门的支持来实现的。

2 低成本

低成本的含义是"成本领先"，即通过低成本能力以比竞争对手更低的价格获得客户选择，同时确保合适的利润。低成本是一种能力，能通过有效管理降低成本把顾客的负担降到最低程度，从而提高产品的性价比。

这里所说的低成本是指总成本领先，包括制造成本、内部运作成本和供应链管理成本，是运用最小资源创造最大价值的能力。在制造体系中，它体现在无处不在的消除浪费和提高价值的运作改善中，日本企业具备的这种能力被美国专家誉为"极限化的经营效率"。

无论企业选择哪一个细分市场和目标客户，要获得低成本竞争优势，只关注一个或两个方面的成本是不够的，企业需要在更广的范围内关注总成本领先。

3 快速应变

在客户所需要的时间内提供客户所需的型号和数量，称为准时制供应，即JIT（Just In Time）；随着社会发展，市场竞争对企业应对客户需求快速变化的能力提出了挑战性的要求，管理界将这种能力称为"柔性"（Flexibility）。

快速发现客户需求，组织资源快速地满足客户需求，这种企业响应市场的能力就是快速应变，其优越性在于比竞争对手更快地为顾客提供其想要的产品和服务。

为此，企业应该提高整个运作系统的柔性（Flexibility），快速应对市场需求和客户要求的变化，提高抓住市场机会的能力。

企业的直接目的是获取利润，差异化、低成本和快速应变是企业应该构建的三大竞争优势，其中，低成本优势是企业生存和发展的基础，缺乏了成本竞争力，差异化和快速应变优势就失去了支撑和意义。

（三）从成本中心到利润中心

为构建低成本优势，企业需要在经营的全范围、业务的全流程、组织的全层面实行有效的成本控制，不但如此，还需要并重考虑在经营的全范围、业务的全流程、组织的全层面实现有效的价值创造。

1 成本中心和成本意识

一直以来，企业习惯将大部分职能部门当作成本中心，在运作层面，由于大部分职能部门不直接创造收入，企业着重考核其所发生的成本和费用。

成本中心重在费用预算和成本控制，有利于强化员工的成本意识；如果忽略经营意识的灌输和培养，长此下来，则会让员工形成本部门是"花钱的部门"的观念，而忽视了价值创造意识和价值创造能力。

2 利润中心和价值意识

理论上说，每个职能部门都必须创造价值，这样才有存在的意义，因为同样的工作如果外包必然产生外包成本，这样的工作被内部部门"承接"下来，就意味着该部门从公司获得了收入，部门如果以低于外部承包商的成本运作，则意味着该部门创造了利润。

所以，不仅将职能部门当作成本中心，更要当作利润中心，在运作层面我们可以不考察部门收入，但却不能忽视各职能部门的价值创造能力。

3 从SBU看部门经营

近年来，国内许多企业导入SBU概念推动内部市场化运作。SBU是Strategic Business Unit的缩写，意为"战略事业单位"。例如，海尔组织管理的特征之一是以每个员工为经营单元，海尔实行市场链的最终目标就是使企业的每个人都成为SBU。

海尔把事业部作为一个战略单元对待。它认为战略单元不应以事业部为基础，而应以每一个人为基础，让每个人成为SBU，将海尔战略落实到每一个员工，而每一个员工的战略创新又能保证海尔战略的实现。

具体而言，就是把海尔的速度与创新的目标量化到每一个人身上，每一个人都争取满足用户需求。

一个员工成为SBU需要以下四个条件：

①市场目标：以速度体现生产竞争力，创造用户资源。

②市场订单：以创新实现有价值的订单，实现市场目标。

③市场效果：以订单执行到位创造用户满意。

④市场报酬：自己创造的市场增值部分在收入中体现，并能对生产目标的再提高产生激励效果。

成为SBU，就是要求海尔员工用微型公司（Mini Mini Corporate）老板的思维和方式来思考与运作日常工作，做到大型企业的微型化，以保持企业迅捷的反应速度。

我们知道，凡是独立运作、自负盈亏的企业一般都有三张表：资产负债表、损益表、现金流量表，通过这三张表可以把握该企业投入产出、经营盈亏、现金流等信息。海尔受此启发，视员工为SBU，用一张综合这三张表内涵的"SBU资源损益表"

来体现。

"SBU资源损益表"以损益表为中心，吸收了资产负债表、现金流量表的一些内容，而其中最有创意的一点在于经营结果与个人收入瞬间挂钩。

所谓瞬间挂钩是指每一个产品被生产或被消费者购买的瞬间，为此付出直接劳动的海尔员工（作业工人、产品开发人员、营销人员）的收益，可在其"SBU资源损益表"中得到即时反映。

海尔经营单元的个体化并非不重视团队管理，海尔团队管理的特征主要体现在把团队看成一个经营单元，重点考评团队领导。在现场管理中，海尔重视班组评价，每个月把所有班组评为试用班组、普通班组、自主管理班组、自主创新班组四个层次；此外，每年表彰先进个人的同时，也表彰先进集体。

所以，现代企业领导不但要将本部门当作成本中心看待，更要将本部门当作经营实体、利润中心来对待，培养员工部门经营的观念、创造价值的意识，调动员工自主管理的积极性，使部门目标管理落到实处，强化归属感和认同感，激发全员成就感。

企业三大核心业务流程

　　从本质上说，企业作为一个投入产出的载体，是通过内部运作即流程来实现价值增值的，企业战略目标确定后，驱动战略目标实现的往往是几个关键业务流程。对于制造型企业来说，销研产一体化，客户开发流程、订单执行流程和产品开发流程就是企业运作三大核心业务流程（图1-2），这些流程的运作周期、流程质量、成本能力、增值能力和运行效率从根本上决定了企业绩效。

　　在企业三大核心业务流程中，客户开发流程是获取市场信息、订单信息的关键。信息流拉动工作流，从前期的市场开发，拿到订单，转化为生产。订单执行流程和产品开发流程是制造型企业的内部核心业务流程，美国企业称为"订单价值链"和"产品价值链"，日本企业称之为"生产轴"和"开发轴"。

　　订单价值链直接决定企业的现金流和赢利状况，而产品价值链则是订单价值链的基础，直接影响订单价值链的可持续性。产品是有生命周期（Product Life Cycle，PLC）的，今天的主打

010　　极限化降成本：极速砍削成本的 21 板斧

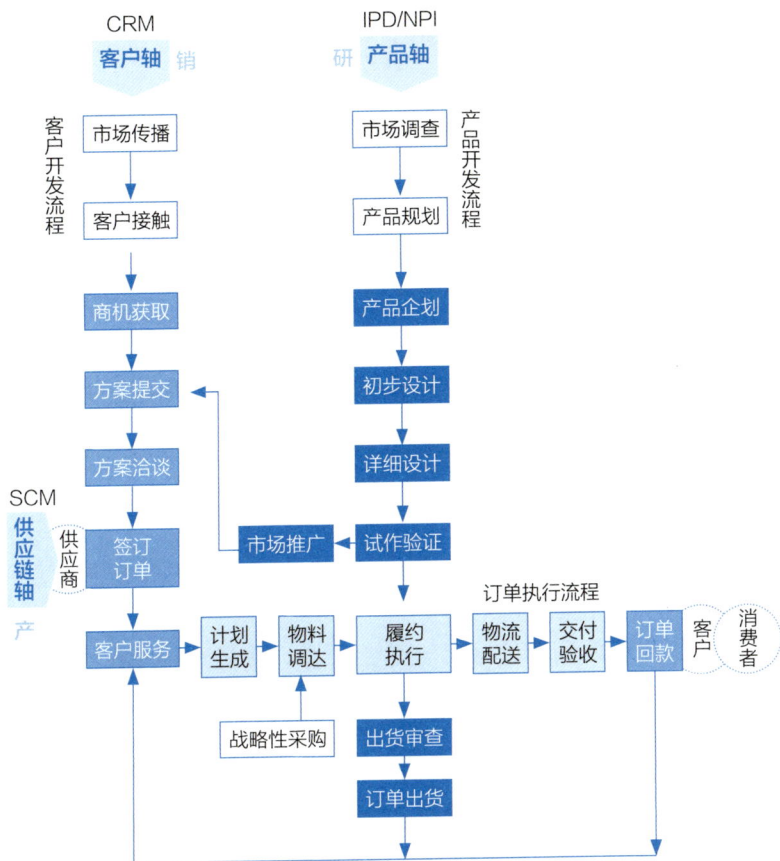

图1-2 企业三大核心业务流程

产品将成为"明日黄花",今天的新产品将成为今后的主打产品,只有不断开发出符合市场需求的新产品,才能持续地确保客户订单,否则,产品"青黄不接",企业前景堪忧。

开源节流KPI关联图

加工是企业增值的核心环节。以生产为主体的制造型企业，其本质任务是以最低的成本执行订单，实现产品功能，向客户交付产品、履行企业合约，才能实现资金回笼。

1 从开源和节流看企业运作的系统KPI

企业要实现利润目标，一是要开源，主要途径是扩大销售量、提高销售价格；二是要节流，主要途径是降低成本，而成本又受质量、效率、安全等相关指标的直接影响。

有鉴于此，企业经营目标的制定一定要选择系统的关键业绩指标（KPI），不能只选择单一的关键业绩指标，而且要善于把握主次、区分权重，并将这些KPI分解、落实到相关的职能部门，例如：销售、技术开发部门以开源为主，生产、工艺、质量、采购等部门以节流为主。

2 KPI关联图

以开源和节流为目标，系统选择KPI，不同KPI之间是有相关性的，正确地理解KPI之间的关系有利于我们把握实质、分清主次、突出重点，有效地进行管理资源的调配。

如式（1-1）和式（1-2）所述，各要素之间构成一幅KPI关联图（图1-3），其常见的14种关系如下：

（1）*Q-C*关系：质量水平越高，成本能力越高（成本越低）；反之，质量水平越低，成本能力越低（成本越高）。成本对质量没有必然影响。

（2）*Q-D*关系：质量水平越高，生产效率越高、交货期越短；反之，质量水平越低，生产效率越低、交货期越长。交货期对质量没有必然影响，因为及时交货是在保证质量的前提下才成立的。

（3）*Q-P'* 关系：长期而言，质量水平越高，对提高销售价格越有积极影响，因为高质量产品能使客户的采购总成本（而非仅仅采购价格）最低，客户愿意为此支付适当的额外费用。价格对质量没有必然影响。

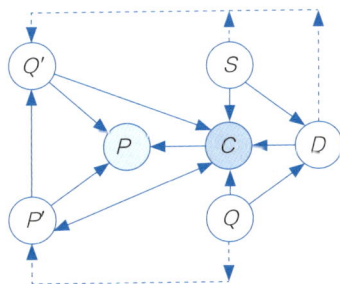

图1-3 KPI关联图

（4）S-C关系：安全和职业健康管理水平越高，企业成本能力越高（总成本越低）；安全和职业健康管理水平越低，企业成本能力越低（总成本越高），因为会产生大量的失败成本。成本对安全和职业健康没有必然影响。

（5）S-D关系：安全和职业健康管理水平越高，生产效率和交货期才有保障；安全和职业健康管理水平越低，生产效率和交货期越没有保障。交货期对安全没有必然影响，因为生产以安全为前提。

（6）S-Q'关系：企业在安全、职业卫生、社会责任、环保性和技术法规符合性等方面做得越好，越容易拓展国际市场，否则企业会碰到非市场壁垒。

（7）D-C关系：生产效率越高、交货期越短，成本能力越高（成本越低）；反之，生产效率越低、交货期越长，成本能力越低（成本越高），因为会发生缺货损失。成本对交货期没有必然影响。

（8）D-Q'关系：交货期越短，越容易抓住订单机会；反之，交货期越长，越容易失去订单机会。

（9）C-P关系：成本对利润有决定性作用。成本能力越高（成本越低），赢利能力越高（利润越高）；反之，成本能力越低（成本越高），赢利能力越低（利润越低）。利润对成本无必然影响，但利润目标对成本目标有决定性作用。

（10）C-P'关系：成本对价格有决定性的影响。成本能力越高（成本越低），价格竞争力越高（在保证合适利润的前提下价格可相应降低），越容易抓住订单机会；反之，成本能力越低（成本越高），价格竞争力越低（利润越低），越容易失去订单机会。价格对成本目标有决定性作用，其目的是实现赢利目标。

（11）$C-Q'$ 关系：成本能力对销售数量有潜在影响，这主要是通过成本对价格的影响来实现的。销售数量决定了生产批量，生产批量越大，其批量经济性越高，生产成本越低；反之，生产批量越小，其批量经济性越低，生产成本越高。

（12）$Q'-P$关系：销售数量越高，利润总额越高；反之，销售数量越低，利润总额越低。

（13）$P'-P$关系：价格越高，利润（单位利润和利润总额）越高；价格越低，利润（单位利润和利润总额）越低。利润对价格无必然影响，但利润目标对价格制定有一定影响。

（14）$P'-Q'$ 关系：在目标市场中，价格越高，竞争力相应降低，越容易失去订单机会（销售数量相应降低）；反之，价格越低，竞争力相应提高，越容易抓住订单机会（销售数量相应提高）。销售数量对价格有潜在影响，这主要是通过对生产成本的影响来实现的。

3 成本是企业内部运作的核心KPI

由KPI关联图可以看出，以订单执行为主体工作的企业内部运作，成本是核心KPI，质量、交货期（效率）和安全等的达标状况最终都以成本指标的形式反映到企业经营绩效当中。

以成本为中心的企业内部运作，应将成本意识和成本评价贯穿于所有流程和所有业务范围，此时的成本不仅是指看得见的显性成本，而且包括诸多看不见的隐性成本；不仅是眼前损失，更要看到长期的可能的损失。

也就是说，要建立总成本的概念，从长期的角度，用发展的眼光看成本，包括预防成本、鉴定成本和失败成本。

（四）

眼睛盯着市场、功夫下在现场

好的企业运作机制应该能将市场的竞争压力传递到企业内部，时刻保持内部的危机感和紧迫感，从而创造与市场互动的竞争优势。

所以，现代企业管理者要关注市场、关注竞争对手，面向市场竞争改善内部运作，从而找到内部挖潜的动力和方向。

通观欧洲、美国和日本等发达国家的制造企业，其基础管理扎实，不断更新的管理理念和科学管理方法，能支持着企业几十年甚至上百年的发展，这些企业在子公司遍布全球、规模庞大下仍然运转自如。

在现代的制造行业中，基础管理水平的高低支撑着核心竞争力的实现程度。决定企业竞争力强弱的成本、质量、交货期、制造柔性等重要因素都由生产现场的基础管理水平决定。

1 准时制交货是班组生产的直接目标

按时保质保量地完成生产任务是班组生产的直接目标，日本企业称为准时制（Just In Time）交货，即"适品、适时、适量"，不仅是生产部门，计划、采购、设备、品质、仓储等各部门都是围绕这一目标从各自职能管理的角度提供专业支持，所以，各部门之间是目标一致、分工配合的关系。

📑 案例1　从质量问题看成本管理

"主管，沃尔玛BH206订单被品管部卡住了，请您马上协调一下！"班长王春江气喘吁吁地跑到办公室求援。

主管李五一顿觉不妙，赶紧往生产线走去，远远地，李五一就看见台位长拿着产品在空中比画着，似乎在与品管部班长争辩着什么。

"怎么回事儿？"李主管问。

"LQC（生产线品质控制）把这批产品卡住了，不让过！"台位长显得异常焦急，李五一举手一挥，赶紧打住台位长，示意品管部班长先说。

"是这样的，李主管，这批沃尔玛的订单在开始生产时我们就发现锅内胆有一条拉痕，当时并不深，于是LQC就提醒员工要进行检查和调整，根据我们的经验，应该是模具有毛刺儿，及时修整一下应该就可以消除，可是一小时之后LQC第二次巡检时却发现问题越来越严重，这一批全都有拉痕，而且很严重，根本不能出货……"

"我们修了模呀！再说，拉痕并不明显，应该没问题的！你知不知道为了赶这批订单我们起早摸黑、费了多少神呀！"台位长显得很委屈。

"不管你有没有修模，反正冲出来的内胆拉痕超过标准，给，这就是样本！"LQC递过一个标有"限度样本"的内胆。

"上一次就是因为这个问题，在后处理之后拉痕还是很深，当时我们也抱着试一试的心理放过去，结果造成客户整批退货，公司还被罚了款呢！"品管班长补充道。

看看样本，再看看生产出来的工件，李五一顿时明白了——老毛病重犯！一切都是简单化赶货惹的祸。他强压住心中的不满，对王春江说：

"停机！马上修模，直到拉痕消除品管确认合格才能开始再生产！"

"那已经做出来的怎么办？能不能通融一下？"

"不行！该返工的返工，不能返工的报废！"李五一想起来了，严重的拉痕还可能造成接触不良、产品失效。

"这批货这么急怎么办？"台位长还在着急。

"所以才要保证质量，一步做到位呀！抓紧安排质量问题解决方案，上午十点我们开个碰头会，拿出一个进度挽回计划。"

不达到质量标准的产品不是客户所需要的产品。换个角度看问题，如果我们能把品管部门当作生产过程中的"资源"来看待，重视品管部门的专业意见，把他们的工作当作是对我们最好的帮助和支持，甚至主动争取他们的监督，就能避免生产部门盲目赶货、以偏盖全、顾此失彼，真正履行好准时制交货的职责。

2 订单执行要系统实现KPI目标

同样是准时制交货，修修补补有时也勉强可以做到，但是，以什么样的质量水平、以什么样的效率指标、以什么样的成本和安全管理状态实现准时制交货，则是站在企业经营的角度必须同时关注的。

因此，全面系统地实现 Q（质量）、C（成本）、D（交货期）、S（安全和社会责任）等关键业绩指标（KPI）的目标，是通过订单执行实现企业效益的关键。

3 成本控制是班组管理的核心目标

盲目赶货，忽视质量和安全，表面上是加快了进度，实质上并不能及时出货，还将造成大量的失败成本——不仅有内部失败成本，还有因质量问题流至客户或交货不及时造成的外部失败成本。

在QCDS四大类KPI目标当中，提高质量水平会使生产成本降低，质量水平降低则使生产成本提高；准时交货避免缺货损失，不能准时交货则将造成缺货成本；提高安全管理水平使成本降低，忽视安全管理则将造成安全失败成本，使总成本大幅度提高。

企业存在的直接目的就是创造利润，开源与节流并举，才能实现利润倍增。因此，以订单执行为主要工作的班组管理和车间管理，成本控制是核心，只有系统地提高QCDS等方面的管理水平，才能系统提高企业的价值创造能力。

正所谓"眼睛盯着市场，功夫下在现场"。班组是订单执行的细胞，现场是订单执行的发生地，以成本控制为核心的企业运作，必然要求现代企业管理者关注市场、关注客户、关注竞争对手，面向市场竞争改善内部运作，在内部管理和现场管理上下足功夫，把成本控制的神经末梢延伸到班组，延伸到现场，在成本发生的源头控制成本，把成本控制覆盖到企业全流程、全职能，使成本控制能力成为各级管理者的重要职业能力。

百年企业，始于班组，重在现场。

在改革开放的前二十多年，国内企业主要依靠低劳动力成本的比较优势来获得订单，随着中国制造业在世界产业链中扮演越来越重要的角色，仅仅靠这样的比较优势已经难以提升企业的竞争力，加强基础管理、提升精细化管理水平已成为必然。

五

企业经营的收支构成

低成本优势是企业生存和发展的基础，缺乏了成本竞争力，差异化和快速应变优势就失去了支撑和意义。

人工成本只是企业众多成本当中的一种，要在全球产业链中获得稳定而有收益的分工，全面降低成本，将"低成本"提升为"低成本能力"和"低成本竞争优势"至关重要。

（一）利润表

企业存在的直接目的是创造利润，降低成本是提高利润的重要手段，为此，企业管理者一定要了解企业重要财务报表之一——利润表。

利润表是反映企业一定期间内生产经营成果的会计报表，它把一定期间的营业收入与其统计会计期间相关的营业费用进行配比，以计算企业一定实际的净利润（或净亏损）。

利润表反映企业一定期间内生产经营成果的会计报表即利润或亏损情况，表明企业运用资产获利的能力。

📄 案例2 利润表

表1-1 某企业年度利润表

单位：百万元

项目	数量/金额	比率（%）
销售数量（万台）	211.17	
销售金额	936.68	100.00
变动成本	540.53	57.71
材料费	468.41	50.01
技术开发费	37.47	4.00
销售费	29.92	3.19
其他费用	4.73	0.50
边际利润	396.15	42.29
固定成本	305.12	32.57
人工费	87.12	9.30
折旧费	88.51	9.45
辅助材料费	29.12	3.11
能源费	77.34	8.26
修缮费	10.12	1.08
利息	9.16	0.98
管理费	3.75	0.40
营业利润	91.03	9.72
利税	27.11	2.89
纯利润	63.92	6.82

利润表中的收入、费用等情况，能够反映企业生产经营的收益和成本耗费情况，表明企业生产经营成果；同时，通过利润表提供的不同时期的比较数字（上月数、本月数、本年累计数、上年数等），可以分析企业今后利润的发展趋势及获利能力，了解投资者投入资本的完整性。

由于利润是企业经营业绩的综合体现，又是进行利润分配的主要依据，因此，利润表是主要的会计报表。

（二）本量利图和盈亏平衡点

制造型企业是通过销售产品来获取收入的。

1 本量利图

本量利图是描述成本、销售量和利润三者之间关系的一种图表（图1-4），是进行本量利分析（CVP分析）的重要工具，由于该图主要反映了盈亏平衡点的销售收入、销售量和成本，所以，通常也称"盈亏平衡点图"。

在本量利图中：

销售收入=价格×销售量

总成本=（单位变动成本×销售量）+固定成本=变动成本+固定成本

其中：

（1）固定成本也称"固定费用"，是指产品产量或业务量在

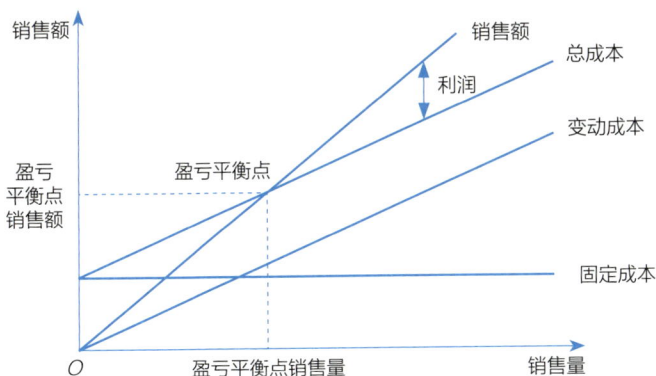

图1-4　本量利图

一定幅度内变动时，并不随之增减变动而保持相对稳定的那部分成本，如管理人员的工资、固定资产折旧费、修缮费、办公费等。

固定成本相对固定，即在一定的产品产量或业务量范围内固定成本是不变的，当产品产量或业务量的变动超过一定幅度时，固定成本就会有所增减，这时的固定成本相比之前是变化的。

（2）变动成本也称"变动费用"，是指随着产品产量或业务量的增减变动而成正比例变动的那部分成本，如构成产品实体的原材料、生产工艺所必需的辅助材料、计件工资、产品的包装和运输费用等。

变动成本就其总额来说是变动的，但从单位产品产量或业务量而言是固定的，即不受产品产量或业务量增减变动的影响。

区分固定成本和变动成本，有助于进行成本分析和寻求降低成本的途径。

2 盈亏平衡点

在本量利图中，销售收入线和总成本线的交点就是盈亏平衡点，平衡点相对应的纵、横两轴的数额就是达到盈亏平衡点的销售收入和销售量。

一般管理费用和必要银行利息是公司为维持正常运转和正常业务而必须产生的成本，是固定的。所以，企业为了维持生存，必须保证：

$$边际利润-固定成本>0$$

即最低销售额能大于固定费用和银行利息之和，此最低销售额即为盈亏平衡点。

盈亏平衡点（Break-even Point）亦称零利润点、保本点、盈亏分离点、损益分歧点、收益转折点，是指企业经营处于不盈不亏状态所必须达到的业务量（产量或销售量），此时，销售收入总额与销售产品总成本相等即企业不赚钱也不亏损。

盈亏平衡点是个重要的数量指标，在进行安全投资可行性研究时，无论是预测产出、效果，还是分析项目的抗风险能力，都需要计算盈亏平衡点。

（六）

单位产品成本结构分析

1 企业成本结构

从案例2《利润表》可以看出，企业总成本包括变动成本（比例费）和固定成本（固定费）两部分，而变动成本又包括直接材料费、销售费、变动人工费、研究开发费及其他临时性支出费用等，固定成本又包括人工费、折旧费、辅助材料费、能源费（动力费）、修缮费、租赁费、办公费及其他固定支出的费用等（图1-5）。

应该说明的是，由于国家、制度和历史的原因，不同企业在成本结构的设计、科目的设置及定义上会有一定的差异，但并不影响成本分析和成本控制方法的共通性。

2 单位成本管理

制造型企业通过产品销售来实现资金回流，销售额与产品价格和销售数量成正比，所以，进行单位产品成本管理（简称单位成本管理）才能动态把握本企业的价格竞争力，同时为降成本活动明确定量的方向和目标。

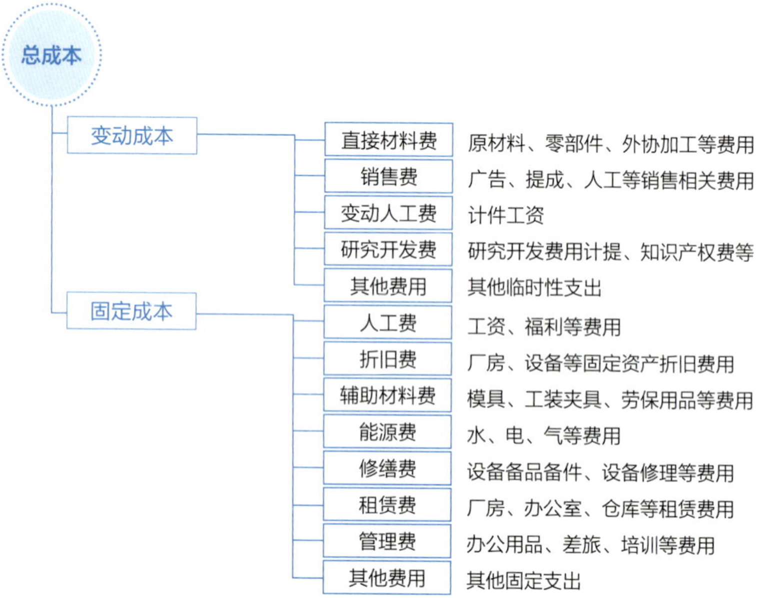

图1-5　企业成本结构

案例3　产品单位成本管理

　　某企业为了提高成本竞争力，非常重视产品单位成本管理。该企业每个系列都选择一个代表型号，统计代表型号产品的单位变动成本和固定成本，对于不能统计的变动成本和固定成本，则将总成本分摊到单位产品，从而得出该产品的单位成本水平（表1-2），在此基础上，将实际单位成本与市场价格、目标单位成本、竞争对手单位成本以及价格变化趋势进行对比，从而找到改进方向。

　　代表产品型号：MAZU6-100

　　代表客户名称：科华雷电

表1-2 某企业产品单位成本管理表

（单位：元/台）

项目		上年度实际成本		本年度实际成本		本年度目标成本	
		金额	比率（%）	金额	比率（%）	金额	比率（%）
销售价格		386.64	100.00	400.03	100.00	418.80	100.00
比例费	材料费	200.76	51.92	199.72	49.93	208.47	49.78
	技术援助费	17.40	4.50	18.00	4.50	18.85	4.50
	销售直接费	15.56	4.03	16.97	4.24	11.88	2.84
比例费总计		233.72	60.45	234.69	58.67	239.20	57.12
边际利润		152.92	39.55	165.34	41.33	179.60	42.88
固定费	直接人工费	11.70	3.03	12.77	3.19	15.36	3.67
	间接人工费	10.72	2.77	19.58	4.89	15.17	3.62
	销售人工费	0.91	0.23	2.25	0.56	1.79	0.43
	折旧费	30.70	7.94	32.25	8.06	43.07	10.28
	辅助材料费	13.97	3.61	15.17	3.79	15.77	3.77
	修缮费	7.06	1.83	5.70	1.42	9.30	2.22
	能源费	8.41	2.18	7.99	2.00	14.53	3.47
	管理费	23.78	6.15	17.02	4.25	19.28	4.60
固定费总计		107.25	27.74	112.72	28.18	134.27	32.06
销售利润		45.66	11.81	52.62	13.15	45.33	10.82
利息		38.21	9.88	15.73	3.93	17.59	4.20
利润		7.45	1.93	36.89	9.22	27.74	6.62

从"案例3产品单位成本管理"可以看出，产品单位成本管理可以直接进行横向对比，判断本企业成本竞争力，从而找到降成本空间。

3 成本管理循环

企业为使自己的产品有竞争力，需要制定一个比竞争对手更有优势、对客户和本企业又最有利的销售价格，同时要确保合理的利润，为此，就要在成本控制上下功夫，即通过市场竞争分析设定合理的、有竞争优势的成本控制目标，再围绕这一目标挖掘降成本空间，确定具体的降成本项目，进而推进降成本活动，最终实现成本目标，创造合理利润。

成本管理循环就是根据这一原理，通过制定标准成本和目标成本，将实际成本与它们比较，找出差距，分析原因，推动降成本活动（图1-6）。

（1）标准成本

标准成本是企业通过调查、分析与技术测定而制定的用来评价实际成本、衡量工作效率的一种预计成本，是指在正常条件下，企业通过一定的努力，提高效率、减少浪费后应该达到的成本。

标准成本包括生产成本中的材料、人工、制造费用三项，一般来说，产品设计出来以后其标准物料消耗通过物料清单就能基本确定，材料成本随之确定；同时，直接人工成本根据标准工时和标准工资率确定；制造费用按生产能力和生产数量进行分摊。

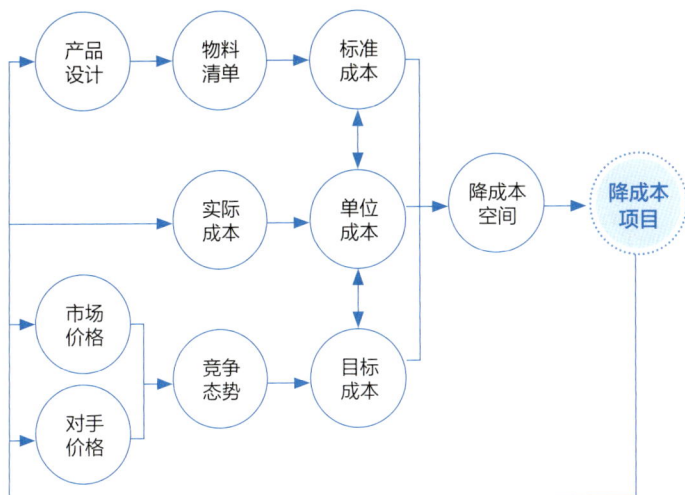

图1-6　目标成本管理循环

（2）实际成本

实际成本是在一定时期内已经发生的成本，一般根据企业
实际发生的各项成本、费用统计而得到，是企业成本水平和成
本能力的直接反映，一般有总成本、单项成本和单位成本三种管
理方式。

实际成本是不可挽回的历史成本，分析和研究实际成本对当
期没有意义，但对下期的成本控制有现实的指导意义。

（3）目标成本

目标成本是指企业在一定时期内为保证目标利润的实现而设
定的一种预计成本，它作为各职能部门本工作阶段的成本目标，
即企业为实现计划中的市场份额所需的销售价格与期望的单位利

润的差额，也称"预计成本"，即：

目标成本=有竞争力的价格-目标利润

"你衡量什么就得到什么"，目标成本有很强的指引作用，用目标成本寻找差距、判断轻重缓急、评价改善效果、衡量工作业绩，将成本管理作为部门目标管理的重要组成部分，能使企业资源最有效地服务于创造利润这一直接目的。

在企业运作过程中，不断地将实际成本与标准成本、目标成本做比较，采取控制措施，推动降成本活动，将实际成本控制在目标成本以内并不断提出更高的成本管理目标，持续进行改善，才能逐步提高企业的成本能力，构建低成本竞争优势。

第二章

价值体现：
价值分析（VA）
与价值工程（VE）

从工业工程到价值工程

　　降成本活动需要技术支持，工业工程和价值工程是两种最常用的管理技术，在运用时会结合工艺技术和产品技术使用。

　　工业工程是对人员、物料、设备、能源和信息所组成的集成系统进行设计、改善评价和反馈的一门学科。它综合运用数学、物理和社会科学方面的专门知识和技术，以及工程分析和设计的原理与方法，对该系统所取得的成果进行确定、预测和评价，其核心目的是降低成本、提高质量和生产效率，追求生产系统的最佳整体效益。

　　价值工程是从源头出发，突破性降低成本的管理技术。

价值工程
——突破性降低成本的管理技术

一个产品的所有功能都应该与成本相联系，人们必须在真正需要的和不必要的功能之间做出明确的区分，以消除不必要的开支。

1 价值分析

价值分析是基于顾客需求和技术发展，通过与竞争对手的比较分析和科学决策、跨部门全过程参与，突破性地提高企业价值能力的技术经济分析方法。

2 价值工程

价值工程（Value Engineering，简称VE），起源于1947年美国通用电气采购主管麦尔斯开发的价值分析（Value Analyze）技术。

1990年代，麦道飞机公司将价值工程应用到公司的经营管理之中，其结果是：麦道公司向客户提供了更高性能的新型战斗机，但其在内部结构设计上却减少了30%的零件。

价值工程现在已经发展成为突破性降低成本的管理技术，在美国、日本及世界各国得到广泛运用，取得了巨大的经济效益，与工业工程、统计技术并称为制造产业三大管理技术。

价值工程的目的和思维方法

价值工程的目的是以最低的产品生产周期成本，切实实现所需要的功能，为此有计划地倾注于产品和服务功能研究。

1 以目的为中心的思考

凡事从目的出发，应思考"为什么要使用呢？"

2 关注产品生命周期成本

同人类一样，任何产品都有自己的生存期限，我们称为产品生命周期（Product Life Cycle，简称PLC），它是指产品从研究开发、设计、制造、销售、使用和直到用户停止使用为止的产品自然寿命周期。

产品在其整个寿命周期内发生的全部成本，包括研究开发成本、采购成本、制造成本、流通成本、使用成本、维护成本和废弃成本，前四种合称顾客取得成本，后三种合称顾客持有成本（图2-1）。

产品生命周期成本是一种决策分析成本，常用于投资决策分

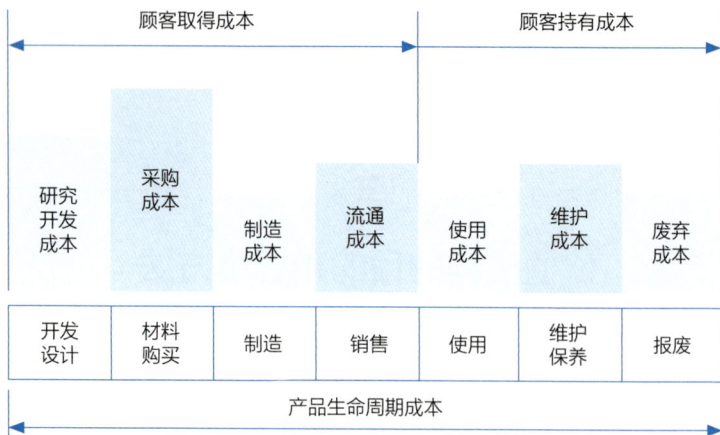

图2-1　产品生命周期成本

析之中，其目的在于把该产品或项目中整个寿命周期的预计总成本和预计总收入（或总效益）相比较，以衡量其经济效益的高低，从而做出最优决策。

理解了产品生命周期成本，我们就容易建立总成本的概念，即任何事情都须以总成本最低、产出投入比最高作为决策标准，而不是只考虑一种或两种成本。

3 收集和活用专业知识

思维突破带来行动突破。在运用价值工程技术降低材料消耗的过程中，一定要突破惯性思维，以使用者为优先、功能实现为中心，重视与工艺技术和产品技术相结合，通过创造达到变更，并根据专家建议进行改善。而要坚信实现一个目的可以有多种手段，我们就是要采取更好的手段才能达到目的。

4 创造替代方案

实现一个目的有多种方案。不要动不动就"不可能！""一直都是这样！"，而是要寻求更好的方案去达到目的。

5 克服障碍

当然，在推进价值工程改善项目的过程中，也必然会碰到一些障碍，这需要我们有忍耐力、说服力、分析力和行动力去克服这些障碍。

四

价值工程的基本原理

价值工程是以最低生命周期成本，切实实现所需功能而有计划地倾注于产品和服务功能研究，其基本原理是：

$$V（价值=）\frac{F（功能）}{C（成本）}$$

所以，价值工程是以正常发挥的功能为基础，实现更优秀的、有价值的产品或服务的解决方法。它集中企业内外专业部门的知识、技术和智慧，切实实施计划，有组织、有步骤地开展增强功能、降低成本并最终提高价值的活动，其主要的实现途径有四种（表2-1）。

表2-1　价值工程的实现途径

序号	原理	方法	说明
1	$V\uparrow=\dfrac{F\rightarrow}{C\downarrow}$	通过降低成本来提高价值	称为CR型（Cost Reduction）改善，在功能不变的条件下降低成本，这属于一般性VE

序号	原理	方法	说明
2	$V\uparrow=\dfrac{F\uparrow}{C\rightarrow}$	通过增加功能来提高价值	称为VC型（Value Creation）或功能增加型改善，在相同的成本条件下增加产品的功能
3	$V\uparrow=\dfrac{F\uparrow}{C\downarrow}$	通过同时增加功能、降低成本来提高价值	这也是VC的一种，也称为改革型改善，是最理想、最困难也是最重要的一种
4	$V\uparrow=\dfrac{F\uparrow\uparrow}{C\uparrow}$	稍微提高成本、大幅度增加功能来提高价值	为市场开拓型VE，常用于稍微增加成本即能确保产品优越性的新产品开发

　　无论通过哪一种途径，价值工程都能有效地帮助企业降低成本。有效运用价值工程技术，全面推进降成本活动，使产品生命周期成本最低，这已成为企业提高成本能力必不可少的途径。

五

推行价值工程的五个原则

推行价值工程要遵循五个基本原则：使用者优先原则、以功能为中心原则、提高价值原则、通过创造达到变更原则和跨部门作战原则（图2-2）。

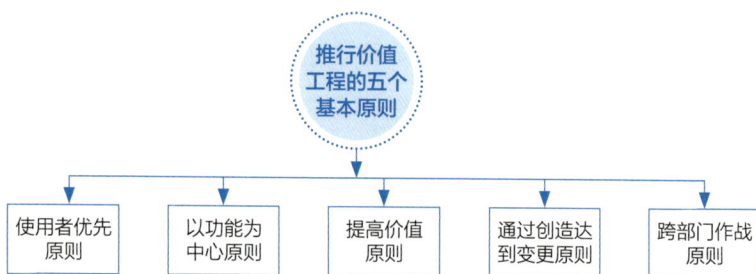

推行价值
工程的五个
基本原则

使用者优先原则	以功能为中心原则	提高价值原则	通过创造达到变更原则	跨部门作战原则

图2-2　推行价值工程的五个原则

1 使用者优先原则

对于产品的看法，生产者有生产者的角度，使用者（顾客）有使用者的角度，由于顾客是掏钱的一方，所以生产者应该以使用者为优先，站在顾客的角度考虑问题，否则生产出来的产品不符合顾客需求，就没有人购买，生产也就失去了意义。

2 以功能为中心原则

顾客购买产品不是单纯为购买而购买，而是因为这种产品具备一定的功能——这种功能恰恰是顾客所需要的，例如：与其说是顾客购买一台冲击钻，不如说是顾客购买了它钻孔的功能。

所以，生产者在把握客户需求、设计产品时，一定要将功能作为考虑的中心，产品及其结构只是服务于功能的实现，即功能要优先于结构。

3 提高价值原则

价值工程的目的是更好地满足客户并提高价值。

4 通过创造达到变更原则

一种功能可以通过很多种途径或方式来实现，不要满足于现状，要充分利用内部专家和外部专家的力量，想办法找出自己还不知道的更好的方法，通过创造改变现状，变更方案，提高价值。

5 跨部门作战原则

任何一个价值工程都需要各个职能部门的配合，需要销售、技术、采购、生产、工艺、质量、成本等方面专家的集思广益、共同参与。因此，高效率的价值工程活动一定要实行跨部门作战。

价值工程是一项技术含量和管理含量都很高的活动，只有遵循上述五项基本原则，才能确保活动的正确方向，避免出现偏差。

价值工程在不同阶段的运用要点

根据产品的设计完成度和制造完成度，一般将价值工程分为三个阶段：原点VE、第1视点VE和第2视点VE（图2-3），不同阶段价值工程的侧重点不同。

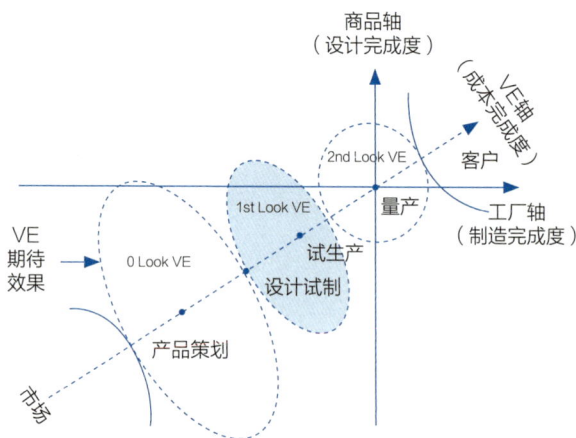

图2-3　VE活动

1 价值工程的三视点

（1）原点VE（0 Look VE）是指在产品策划阶段即考虑

价值工程，这一阶段对价值工程活动的期待效果最大。

（2）第1视点VE（1st Look VE）是指在产品的设计、试制阶段考虑价值工程，这一阶段对价值工程活动的期待效果中等。

（3）第2视点VE（2nd Look VE）是指在产品的批量生产阶段考虑价值工程，这一阶段对价值工程活动的期待效果较小。

2 不同阶段价值工程活动的侧重点

在产品生命周期的不同阶段，价值工程活动有不同的特点（表2-2）和重点（表2-3）。

表2-2 不同阶段价值工程活动的特点

项目	原点VE（0 Look VE）	第1视点VE（1st Look VE）	第2视点VE（2nd Look VE）
着手阶段	产品策划阶段	产品设计、试制阶段	产品批量生产阶段
成员范围	市场、销售、产品策划、设计、技术、工艺、设备、制造、采购、质量	销售、技术、工艺、设备、制造、采购、质量	销售、技术、工艺、设备、制造、采购、质量
活动制约因素	关联法规、专利、开发方针	开发日程、策划意图、策划数量	模具、设备、折旧剩余、策划数量
活动对象	满足客户功能的程度	产品的结构、方式	零件、材料、工艺、供货商
研究重点	顾客要求事项	策划意图	制造规格
重点手段	根据顾客需求由$V=F \div C$设定	针对设定的目标提高功能、降低成本	针对现有产品的CD⊖
需求信息	市场动向、竞争对手产品开发动向、新技术动向、客户使用目的	竞争对于新产品、使用条件、适用的批量生产新技术	竞争对手新产品、适用的批量生产新技术

⊖ CD（Cost Down），传统的降成本活动，比较多地专注于材料成本削减。

表2-3　不同阶段价值工程活动的重点

产品阶段	VE着眼点	可能的VE方案
设计阶段	是否功能过剩	去除非必要的功能
	结构设计	简化、标准化、合并
	材料	材料变更
	规格余量	余量缩减、短小轻薄
生产阶段	生产效率	管理精度、省人化
	质量水平	质量标准、降低不良率、再利用
	工艺条件	工艺变更、通用化、条件优化、提高模具寿命、节省能源改善
运输阶段	包装方式	材料变更、包装方法、循环使用
	运输方式	水上运输、汽车运输、飞机运输、管道运输等运输方式的结合使用

　　应该强调的是，在价值工程的运用过程中，必须进行严谨、周密的技术可行性试验，确保价值工程活动在降低成本的同时，能够满足功能要求，符合质量标准，达到性能指标，并确保产品的安全性、稳固性和产品寿命，这就是价值工程与"偷工减料"的本质区别。

（七）

价值工程在产品生命周期的不同效益

在产品生命周期的不同阶段导入价值工程活动，创造的经济效益各有不同，即减去降成本活动所投入的资源，获得的降成本效果在不同阶段是不同的。

1 净成本降低额

价值工程活动的经济效益是指价值工程项目的净成本降低额，计算方式为降成本效果减去该项目实施过程中的改善投资，即：

净成本降低额=降成本效果−改善投资

一般来说，在产品生命周期中越早导入价值工程活动，改善的投资越小，创造的净成本效益额越高（图2-4），所以要注重原点VE活动的开展，即在产品的研究开发、市场调查和产品策划阶段就要导入价值工程活动。

2 重视第1视点VE和第2视点VE

虽然原点VE很重要，但不能忽略了产品设计、试制和批量

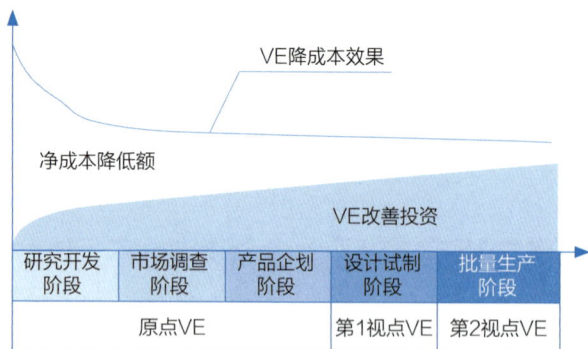

图2-4 不同阶段的VE效果

生产阶段的价值工程活动，因为它毕竟是有一定的经济效益的。
而且，成功的第1视点VE和第2视点VE成果可以马上应用于新
产品的研究开发和策划，并与第一阶段价值工程活动相辅相成、
相得益彰。

　　由此看来，在降成本活动过程中，大力推行价值工程的应用
能帮助我们全过程、全流程降低成本，取得广种多收、种豆得瓜
的效果。

实施价值工程的七大步骤

价值工程在实施中，分为两大阶段和七大步骤，两大阶段是指分析发现问题阶段和解决问题阶段。七大步骤为：

（1）对象选择。

（2）情报收集。

（3）功能分析。

（4）提改进方案。

（5）方案评价与选择。

（6）试验。

（7）提案审批和实施。

其中最重要的是价值工程对象选择，我们一般是以能否形成较好的经济效果为基本原则。

选择对象主要聚焦产品和零部件。

（1）产品（表2-4）

表2-4　产品及范围

对象	范围
产品	a. 需求量大的产品
	b. 正在研制即将投入市场的新产品
	c. 竞争激烈的产品
	d. 用户意见大，急需改进的产品
	e. 成本高，利润少的产品
	f. 结构复杂，技术落后，工序繁多，工艺落后，原材料品种多，紧缺资源耗用量大的产品

（2）零部件（表2-5）

表2-5　零部件及范围

对象	范围
零部件	a. 数量多的零部件
	b. 制造费用高的零部件
	c. 结构复杂的零部件
	d. 体积大，质量重的零部件
	e. 用料多、消耗稀缺资源的零部件
	f. 坏品率高的产品

第三章

原点 VE：
砍削设计成本七板斧

设计是成本控制的源头，开发企划阶段价值工程决定产品成本的80%，产品设计直接决定了产品的材料使用量、资源消耗和标准成本。从产品策划和产品设计抓起，通过优化产品设计、利用技术性措施从源头削减成本，这是降成本活动的重中之重。

优化产品设计是指围绕产品所要实现的功能，对现有产品进行结构分析，以满足功能、降低成本为目标，找出其不合理之处进行改进。

大部分的设计师都有唯技术论思想，都有特立独行的想法，都想自己设计的产品与众不同和与旧不同，这样在无形中就会导致部件或产品出现太多的差异性。其实本来许多的部件和零件可以考虑共用，除非是非常特殊的功能或外观要求需要重新设计，其他的应考虑共用，即应构建设计标准化和模块化。

本章摘要

直接材料成本由消耗量和采购价格两大因素决定，要降低直接材料成本，需从设计、工艺、管理和采购四大途径全面开展相关工作。

第一板斧：
直材降本，削减零部件

直接材料是指在最终产品上能直接看到的材料，是产品的直接组成部分。直接材料成本是产品成本的主要构成部分，一般来说，传统工业产品的直接材料成本占产品总成本的60% ~ 80%，占销售额的40% ~ 70%。

随着人类的发展，资源的稀缺性问题越来越突出，而随着社会的进步，人们对产品和服务的要求则越来越高，如何在减少资源消耗的情况下不断提高产品的质量和性能，降低产品价格，这既是企业生存和发展的重要课题，也是企业生存和发展的重要动力。

（一）直接材料成本的构成

直接材料成本由直接材料消耗量和直接材料采购价格决定，其中，直接材料消耗量又由净用量和额外消耗两部分组成（图3-1）。

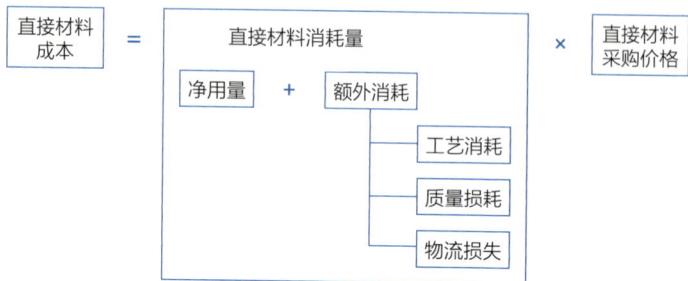

图3-1　直接材料成本的构成

1 直接材料消耗量

（1）净用量　净用量是构成产品实体的材料用量，是由产品的结构、形状、尺寸等决定的理论计算值。

（2）额外消耗　由于工艺特点、质量水平和管理水平的限制，产品生产过程中的材料消耗总是要超过理论上的净用量，超过的部分用量叫作额外消耗，主要包括工艺损耗、质量损耗、物流损耗。

工艺损耗是指由加工工艺的先天性局限而在生产过程中必然产生的材料损耗，如冲压工艺产生的边角废料、车削工艺需要的切削余量等。

质量损耗是指生产过程中由于加工条件不合适、原材料不良、员工操作失误等造成质量不良而带来的材料损耗，质量不良有时可以修复而造成材料投入增加，有时无法修复而造成报废，报废的材料分摊到实际生产数量中使单位产品材料消耗超过净用量。由于质量问题造成的材料额外损耗是质量失败成本的主要组成部分。

物流损耗是指在物料储存、搬运、使用和工序间流动过程中由于管理或使用不当造成的材料账实差异、变质、破损或自然消耗（如挥发）等损耗，物流损耗分摊到实际生产数量中使单位产品材料消耗超过净用量。

2 直接材料采购价格

（1）材料　正所谓铜铁有别，不同的材料价格不同，大多数情况下材料之间的价格差别还很大，因此，使用什么样的材料直接决定了其采购成本。

（2）采购途径　不同的采购渠道采购价格亦有不同，市场透明度高的材料价格差别小，市场透明度低的材料价格差别大；相同的零件不同的供应商，由于其工艺能力、质量水平、生产效率和管理水平不同，其价格亦有很大区别。

（3）材料供求状况　由于市场竞争的原因，供应充足的产品价格会逐步变低，供不应求的产品价格往往居高不下，材料采购价格直接受供应状况的影响。

（二）降低直接材料成本的途径

根据直接材料成本的构成，可以从降低材料消耗量和降低材料采购价格两方面，通过各部门分工配合、跨部门作战来开展降成本活动（图3-2）。

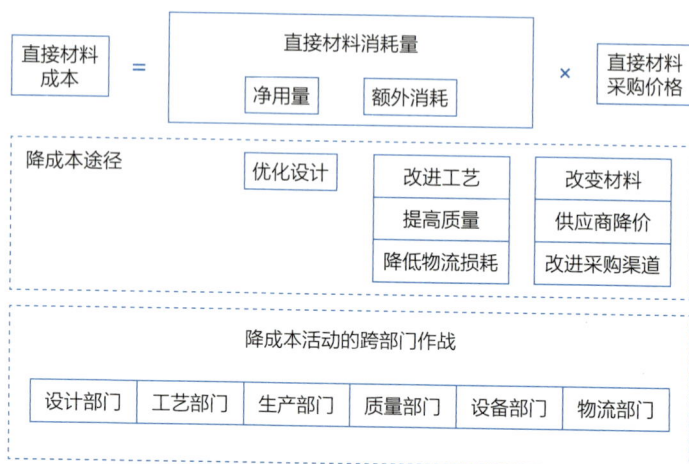

图3-2　降低直接材料成本的途径

1　减少直接材料消耗量

产品设计直接决定了产品的材料使用量、资源消耗和标准成本，从产品策划和产品设计抓起，通过优化产品设计、利用技术性措施从源头削减成本，这是降成本活动的重中之重。

优化产品设计是指围绕产品所要实现的功能，对现有产品进行结构分析，以满足功能、降低成本为目标，找出其不合理之处进行改进。

（1）减少净用量　净用量由设计直接决定，因此，优化设计可以从源头减少产品的材料消耗。

（2）减少额外消耗　工艺性损耗无法根除，但可以通过工艺改进而最小化，如改进模具设计、优化工件排布可以大幅度减少冲压边角料；通过加强标准化作业管理和现场质量改进，提高质量保证能力，使质量成本最小化，可以大幅度降低质量消耗；加强物流管理，提高物流管理的精度，减少账实差异变质、破损或自然消耗（如挥发）等损耗，可以有效控制物流损耗。

2　降低采购价格

采购定位工具根据物料的利润潜力和供应风险将企业采购的物料分成四类：常规类物料、瓶颈类物料、关键类物料和杠杆类物料（图3-3）。

所谓供应风险是指搜索产品和服务供应商的困难度；利润潜

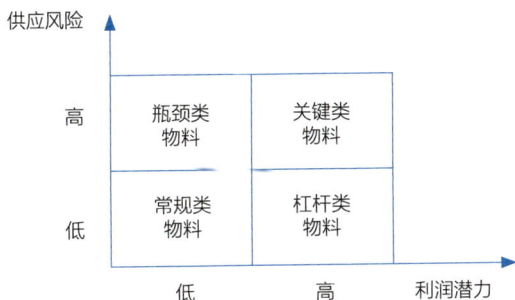

图3-3　采购物料的分类

力是指采购物料及其供应商服务潜在的利润贡献度，即供应中断的损失程度。根据采购定位工具，为了降低采购总成本，企业对不同物料采取不同的策略。

（1）变更材料　在满足功能要求、保证质量和寿命的前提下，使用供应更充足、价格更便宜的材料来替代现有材料，这是降低直接材料的有效方法，这种方法需要经过严谨、系统的技术保证措施，必要时需要获得客户或技术法规部门的认可，因此项目实施周期比较长，也需要一定的技术投入。

（2）价格交涉　在采购渠道不变的情况，通过商务谈判要求现有供应商降价，可以直接降低直接材料的采购成本。应该强调的是，价格交涉绝非简单地要求供应商降价，而是运用一系列措施支持供应商，使其具备降价的条件，提高成本能力，如：将同一种零件集中到一家供应商优化订货批量，使供应商创造规模效应，降低生产成本；指导帮助供应商改进工艺、加强管理，提高生产效率和质量水平；采取有激励性的商务条件（如及时付款），支持供应商的经营。

（3）推进价值工程活动　价格交涉是有限度的，重要的是与供应商共同推进价值工程活动，通过改进零部件设计、优化零部件生产、包装及运输工艺，降低成本，双方共享降成本收益。因此，听取供应商对零部件的改进建议非常重要。

（4）多家采购　多家采购是通过增加供应商、促进供应商之间的竞争（如招标）而达到"鹬蚌相争、渔翁得利"的效果，这是降低采购价格的重要方法，同时还可以规避独家供应存在的断货风险。

需要提醒的是，这种方法仅仅适合供应充足的材料，对于生产厂家少、供应不充足的瓶颈类材料不太适合。一般来说，同一类材料的供应商为两三家，过多的供应商会增加管理成本，影响供应商生产的规模效应甚至打击供应商的积极性。

（5）预见性采购　　所谓预见性采购，是对受市场供求关系影响使价格变化频繁、价格波动大的物料，主动投入一部分资金根据对其价格走势分析的结果提前进行采购。预见性采购虽然占用一定的资金、造成一定的库存成本，采购价格有时高有时低，但由于长期进行价格预测，从长期角度来看，其采购总成本还是最低的。

期货是一种典型的预见性采购，其作用是吸引套期保值者利用期货市场买卖合约，锁定成本，规避因现货市场的商品价格波动风险而可能造成的损失。

除了期货以外，对于市场供应能力有限的瓶颈类物料以及价格和供应风险都很高的关键类物料，也可以向供应商进行预见性采购。例如：某年年底，国内某大型空调企业预测下一年度空调用压缩机供应缺口巨大，为保障出口和内销产品的生产需要，该企业提前向某压缩机厂家打款采购费用8000万元，作为第二年的订购货款，具体型号和数量在第二年生产时提供给对方用于根据实际需要组织生产和交货。这样，不但确保了物料供应，同时获得了2%的价格优惠。

直接材料成本由消耗量和采购价格两大因素决定，要降低直接材料成本，需从设计、工艺、管理和采购四大途径全面开展相关工作。在降低直接材料成本的项目推进过程中，虽然各种降成本途径都有其实施的主导部门，但跨部门作战至关重要。例如，价格交涉以采购部门为主体推进，但质量和生产部门参与对供应商的指导和帮助是重要的辅助条件；而降低工艺消耗不但要工艺部门实施带有技术含量的工艺改进，同时需要生产部门从标准化作业管理方面予以支持。

第二板斧：
ECRS，功能合并与分拆

　　成本首先是从设计中来的，产品设计是成本的源头，产品设计占了成本的80%，直接决定了产品在制造过程中的标准成本，作为降成本活动的重中之重，为了实现更有效的降本，需要从源头削减成本，即从产品策划和产品设计阶段就进行产品设计优化，利用技术性措施削减产品成本。

（一）运用ECRS原则

　　ECRS原则是效率改善的重要方法，在作业改善和流程改善中被广泛运用，将它运用于产品的设计改进（图3-4），同样有很强的导向作用，常产生出其不意的效果。

　　在推行产品结构优化的过程中，运用ECRS原则可以帮助我们发现改进空间，即通过功能分析，对比现有结构，看看哪些结构是不必要的可以取消（Eliminate），哪些细小结构可以合并（Combine），哪些结构太过复杂可以简化（Simplify），整体结

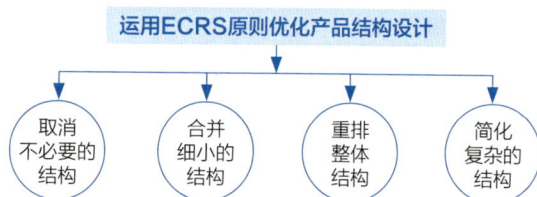

图3-4 ECRS原则优化产品结构设计

构是否可以重排（Rearrange）从而更加紧凑。

案例1 主机框架结构改进

某企业生产的中央空调模块机使用铝型材作为主机框架，铝型材费用为1193.56元/台，占整机材料成本的3.5%。

在降成本活动过程中，空调分厂员工提出主机框架中底部横梁对框架强度并无帮助，仅仅有美观效果（图3-5），建议将之取消以减少铝型材用量，从而降低成本，为此，空调分厂成立了由技术、质量、生产等相关部门的人员组成的跨部门小组进行推进。

经过技术部优化结构设计、构件班配合试制，成功解决了底座与立柱的连接方式以及垂直度保证等难题，小组成员经过反复试验、验证，新的机组框架完全能达到强度等质量指标，于当年5月投入批量生产。

改进后的框架结构使每台主机减少铝三通4个，节约成本24.00×4=96.00（元）；节约铝型材50mm×50mm，降低成本6×37.29=223.74（元），合计每台降低材料成本319.74元，框架材料成本下降26.8%，使单台产品总材料成本降低0.94%；当年5—12月，空调分厂共生产改进后的模块机1968台，该项目创造价值6.29万元。

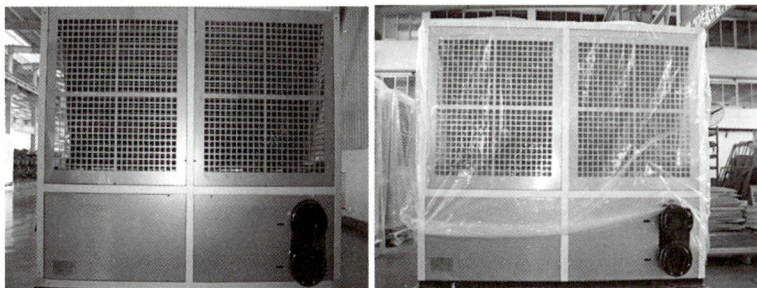

改善前　　　　　　　　　　　　改善后

图3-5　改进后主机框架减少了

ECRS原则在产品设计优化中的运用越来越广泛。20世纪90年代，麦道飞机公司将价值工程技术应用到产品设计之中，其结果是：麦道公司向客户提供了更高性能的新机型，但其在内部结构设计上却减少了30%的零件；国内某汽车制造厂通过车架纵梁优化设计，仅EQ1398W车型的车架就减少孔位170多个，每个车架降低生产成本100多元，同时提高了生产效率。

ECRS原则的核心是价值分析，以最简单的方式、最低的成本实现功能，满足客户的需要，从而将价值最大化。

（二）运用比较对照法

比较对照法也是在产品结构优化的最重要方法之一，通过对竞争对手产品的解剖和比较，发现其优越之处，直取他人之长，为己所用。

案例2　运用比较对照法优化储液器设计

　　××实业有限公司是制冷配件制造厂家，储液器（图3-6）作为空调的重要零部件是其主要产品，为了系统地降低其制造成本，该公司利用比较对照法系统寻找储液器降成本项目，将竞争对手的同型号或类似型号的储液器与本公司储液器进行解剖分析，通过比较寻找它们之间的不同点（表3-1）。

表3-1　各储液器不同点

项目	A公司	B公司	××实业
表面处理	电镀	防锈油	电镀
吸气管	铜管，$t_1=1.0$	铜管，$t_1=1.2$	铜管，$t_1=1.5$
吸气管组装工艺	钎焊，35%银铜焊料	一体化炉焊，黄铜焊料	钎焊，40%银铜焊料
过滤网	大滤网（铁环支撑）	小滤网（包住吸气管下端）	大滤网（铁环支撑）
上壳体	铁板，$t_2=1.5$	铁板，$t_2=1.8$	铁板，$t_2=2.0$
挡板	有	无	有
下壳体	铁板，$t_2=1.5$	铁板，$t_2=1.8$	铁板，$t_2=2.0$
上下壳体组装工艺	钎焊，35%银铜焊料	一体化炉焊，黄铜焊料	钎焊，40%银铜焊料
排气管	铜管，$t_1=1.0$	铜管，$t_1=1.2$	铜管，$t_1=1.5$
排气管组装工艺	钎焊，35%银铜焊料	一体化炉焊，黄铜焊料	钎焊，40%银铜焊料

根据比较对照，从竞争对手的产品和工艺中找到可以直接借鉴的降成本方法，包括：

（1）取消电镀，改为用防锈油进行防锈处理。

（2）吸气管和排气管变薄，厚度由1.5mm改为1.0mm。

（3）过滤网小型化（图3-6），由铁环支撑的大过滤网改为包住吸气管下端的小过滤网。

（4）上下壳体变薄，厚度由2.0mm改为1.5mm。

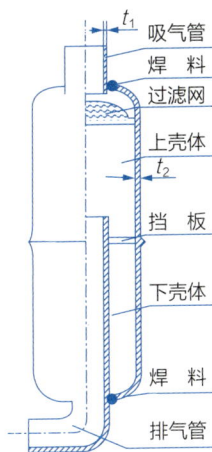

图3-6 储液器

（5）一体化炉焊，将吸气管与上壳体、排气管与下壳体以及上下壳体之间的组装由原来的两次钎焊及一次炉焊，改为一次性炉焊实现整体组装，采用黄铜焊料。

为了有效推进储液器降成本活动，××实业成立了跨部门项目小组，按照项目管理的方法，围绕上述内容有计划、有步骤地推进实施，最终达到降低总成本并领先于竞争对手的目标。

（三）产品小型化

随着人类社会的发展，产品小型化成为明显的趋势，但是，产品小型化不代表产品的功能有所减少，如何在保证产品现有功能，甚至增加部分功能的基础上设计制造更小型化的产品，这已成为企业不得不面临的挑战。

产品的小型化设计与制造应重点考虑以下两个方面：

（1）源于客户和消费者对产品便利性、舒适性的需求。在社会的发展呈现个性化、多样化的形势下，这方面的需求会越来越明显。

（2）源于资源稀缺性和环保意识提升带来的节能需要。近些年来，世界各国对资源和环境的保护意识越来越高，很多企业也都参与到了资源的竞争中。资源必定是有限的，如何在投入有限的资源和满足环境保护的基础上，实现价值的最大化，这也是企业必须要考虑的课题。

三

第三板斧：
设计结构和外观优化

每一名设计师都想自己的产品与众不同，故而在产品设计中因为标准不一和喜好，导致产品不能量产化，即使量产也是成本很高。因此在产品设计前期，工程师需要基于结构分析技术，在给定的设计空间实现满足使用要求且具有最佳性能或最低成本的工程结构设计的技术。设计主要围绕尺寸优化、形状优化和外观优化来开展。

图3-7所示的垃圾桶桶盖结构设计优化就是最好的说明案例。

某公司的研发工程师在设计图3-7的垃圾桶桶盖时，用配重铁作为桶盖回弹装置，但是因为对配重铁有严格的重量、长度和直径尺寸要求，生产时无法保证每一根配重铁都能同时满足以上三个条件，导致产品回弹不够有缝隙而批量退货，给公司带来巨

图3-7　垃圾桶桶盖结构设计优化

大的经济损失，并导致客户满意度下降。

而且在生产时，配重铁需要经过圆棒开料、切削加工、打磨、抛光等四个工序，需要安排四台设备和四名作业工人生产，占用设备产能，浪费人工成本。生产完后再委外进行表面电镀处理，又要涉及收、发料和库存管理，同样也是给仓库管理带来不便和成本的增加，因此，一根小小的配重铁，竟浪费了如此多的管理成本和人工成本。

项目工程师经过对功能的分析后，决定优化产品结构设计，将配重铁回弹装置改为弹簧回弹装置（图3-8），经过测试完全可以满足功能要求，且弹簧属于市场标准件，又便宜又好采购。

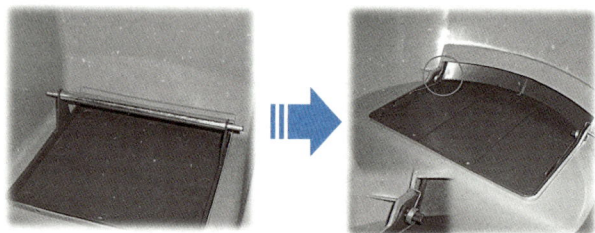

图3-8　垃圾桶桶盖结构设计由配重铁改为弹簧

经调查，此桶盖为多款产品共用件，且销量大，故结构设计优化后，给公司带来可观的改善收益（表3-2）。

改善前成本计算方式：

材料费=原材料重量×单价+螺丝费用+电镀费

加工费=开料+冲孔+攻牙+打磨（车床加工）

改善后成本计算方式:

改模加胶费用×单价+弹簧费用

通过月度各款产品销量计算，此结构优化共降本261 411元。

表3-2 桶盖弹簧改善成本对比

（单位：元）

内容		改善前			改善后			改善比较
序号	产品型号	材料费	加工费	成本	塑胶费用	弹簧费用	成本	成本值
1	B07318	2.25	0.10	2.35	0.06	0.5	0.56	1.79
2	B07323	0.91	0.376	1.286	0.06	0.5	0.56	0.726
3	B07523	1.17	0.376	1.546	0.06	0.5	0.56	0.986
4	B07333	2.01	0.952	2.962	0.06	0.5	0.56	2.40
5	B07323	2.34	0.476	2.816	0.06	0.5	0.56	2.25

四

第四板斧：
新工艺导入，替代材料/零部件

技术创新是突破性的，只有运用新技术才能够使产品成本实现突破性降低，管理措施能够不断推进改善，达到渐进提升的效果。如果要谋求突破性的效果，一定要重视技术（包括管理技术、工艺技术、信息技术和产品技术）的深度运用（图3-9）。当技术运用进入运行阶段后，若要基于相同的技术实现浪费最小化，则需要管理措施将之落实到位。

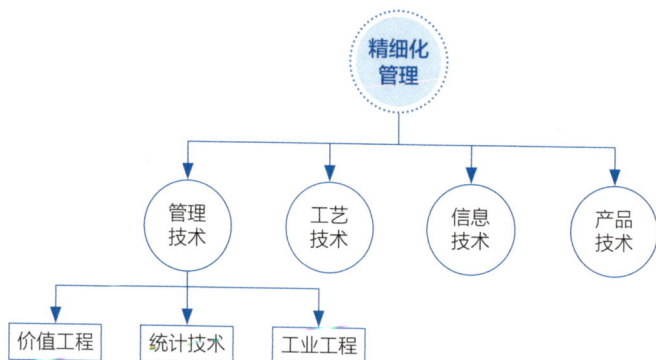

图3-9　制造型企业常用的四大技术

产品技术创新是一项面向未来的工作，它不可不做，也不可迟做。

1 对现有产品进行结构优化，往往需要考虑到生产工艺、设备、模具、工装夹具、工序作业等相关内容，需要一定的硬件投入，并会产生一定的改造成本或投资成本，这就需要我们进行技术经济分析，考虑行业趋势、技术发展方向，从中长期的角度计算产出投入比和降成本效益。

2 现有产品的结构优化将为新产品开发创造直接可用的经验，前期投入会在后续新产品中获得很大的回报。

3 优化结构设计、降低总成本是一个长期的过程，与工艺技术、管理水平密切相关，只要坚持不懈、系统推进，一定能提高企业的成本竞争力。

4 开展新工艺导入和工艺改善降成本是必走之路。工艺技术是产品的实现途径，工艺先进也是一种节约，它能减少生产环节、降低材料损耗、确保产品质量、降低生产成本。

5 引进并消化高科技设备和工艺服务于生产，走生产、科研、开发并举的道路。企业要想不被市场淘汰，必须在科技创新上下功夫，既要投入巨资增添新设备和新工艺，更要用好新设备和新工艺。

案例3　无叶电风扇的工艺改善创新

我们传统的电风扇，基本配置为底座、支架、电机、扇叶、外罩等关键部件，从产品设计开始就要考虑不同的部件材料、结构和组配关系，还要考虑噪声、风速、温度、方向、角度等技术参数，在生产时要考虑五金冲压成型、钣金加工、风罩折弯成型、外罩焊接、注射成型和总装生产、产品性能检测等诸多工序。在各个工序中，又涉及大量的模具开发、设备购买、生产组织等关联管理，这导致模具费、设备加工费、能源动力费以及人工费、日常管理费等费用多，企业利润空间薄。

为此，无叶电风扇（图3-10）应世而生。

无叶电风扇利用喷气式飞机发动机和汽车的涡轮增压系统中的技术，通过下面的吸风孔吸入空气，圆环边缘的内部隐藏的一个叶轮则把空气以圆形轨迹喷出，最终形成一股不间断的冷空气流。重要的是这种空气流动比普通风扇产生的风更平稳。它能产生自然持续的凉风，而且因无叶片，不会覆盖尘土或伤到儿童插进的手指。

无叶风扇本是英国人詹姆士·戴森（James Dyson）发明的，也被称为"空气增倍机"（英文：Air Multiplier），这款新发明比普遍电风扇降低了三分之一的能耗，因为它抛弃了传统电风扇的叶片部件，使风扇变得更安全、更节能、更环保。

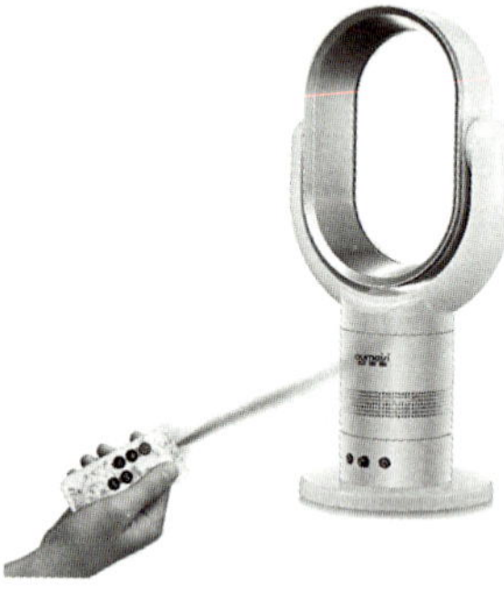

图3-10　无叶电风扇

第五板斧：
设计标准化，采用在销品或标准件

设计标准化是指在一定时期内，面向通用产品，采用共性条件，制定统一的标准和模式，开展的适用范围比较广泛的设计，它适用于技术上成熟、经济上合理、市场容量充裕的产品设计。

（一）采用标准设计的五大优点

1 设计质量有保证，有利于提高工程质量。

2 可以减少重复劳动，加快设计速度。

3 有利于采用和推广新技术。

4 便于零配件生产工厂化、标准化。

5 有利于节约材料，降低采购金额，提高经济效益。

对于中小民营设计企业，团队技术和管理骨干流动较大，生产和管理以"新人"和年轻人为主，标准化管理就具有更积极的意义。

管理者的产品是员工的行为，管理层在布置任务时不能只管布置不管指导，布置完任务后应该告诉他们有哪些已有项目或典型标准卷册、模板可以参照，可能会遇到哪些问题，遇到问题可以向哪些熟悉这一领域的人请教等。

在人员紧张、项目工期紧急的情况下，标准化尤为重要，因为标准化能减少指导沟通的时间成本，减少设计错漏。标准化成品具有一定的可复制和指导作用，有了标准化成品，就相当于新手有了标准化的瓢——模具，也就有了照葫芦画瓢的基本工具，做出来的起码是只瓢而不是别的什么东西。对于新手，有了标准化这个参照的"瓢"，等于有了一个起步阶段的示范，有了一个参照就能少一些错漏。比如：不会忘记在瓢柄上钻一个孔，系上一根挂瓢的细绳，因为标准成品就是这样的，即使不知道为什么要钻孔做这个挂绳也没有关系，先临摹后领悟。对于熟手，标准化也给了个人质疑成品发挥想象优化空间的余地，思考能否在这个已有的标准化瓢的基础上优化，从而做得更好，甚至产生新的构想。

另外，设计标准化的规范还更方便市场零部件的采购。市场本身就有成熟的供应链，质量稳定、货源稳定、价格也低，如果能直接采购市场的标准件，对采购成本也是一个大大的降低，不然，就要在前期设计时花大量的时间去寻样、试样、询价、议价、定价，而且市场没有标准，需要重新开模或加工，无形中就把成本转嫁到采购成本上。

　　我曾经任职于广州一家生产酒店清洁用品的企业,主要生产吸尘器(图3-11),刚入职时,公司总经理找到我说我们目前的吸尘器机头顶盖的螺丝类别太多,给物料运算、采购管理、供应商管理、仓库管理和车间生产管理带来不便,管理成本高,管理事项多,更关键是产品卖到市场,客户在维护时不小心掉了螺丝,还找不到共用的螺丝进行固定,给客户带来不便,导致大量客户投诉。

　　为此,公司总经理要求我拿出改善对策,针对机头螺丝进行标准化管理。

　　我当下就组织团队进行分析,先区分螺丝种类和规格,再梳理有多少共用机头和共用部件,经过改善小组梳理,一个电机机头有8种规格共20颗螺丝,也就是每生产一个吸尘器机头,就要采购8种规格螺丝,BOM表(物料清单,Bill of Material)要单独管理,料号要区分,采购单独下单,仓库分库位存放,车间分物料盒管理,员工不断切换锁付工具,大大影响了工作效率。更离谱的是许多螺丝就是长度差1mm,比如:3颗M18×25自攻螺丝,又来2颗M18×26

图3-11　吸尘器

自攻螺丝，都是一样的材料、一样的工艺，仅因为长度差1mm，就要单独管理。

为此，改善组从产品共性、螺丝品类出发，结合产品结构，提出优化螺丝规格，减少螺丝品类的改善方案，通过模具的结构改善，成功把8种规格的20颗螺丝降低为3种规格、10颗螺丝，大大减少了螺丝类别，当然前提要先消化库存的部件才能改模，不然总装时无法配套。

通过螺丝标准化改善，取得以下成果：

①BOM表物料减少，料号减少。

②可以批量性集中采购，同时降低采购价格。

③供应商有成熟的标准件，直接购买即可，不会存在因为特殊定制而影响交期。

④采购部门也不会再有紧急采购，导致增加采购成本。

⑤仓储管理减少库位，可以根据生产用量集中性配送，减少仓库管理成本。

⑥生产部门不需要储备太多的物料盒，减少员工作业负荷。

⑦员工作业不再切换不同工具，作业效率大大提升。

⑧客户维护可以采用通用件，不再为非标件困扰。

通过以上的改善，最后年度收益为165万元。

这真是：小小螺丝钉，创造大收益；设计标准化，贡献最大值。

（二）设计标准化的六种形式

1 简化

如图3-12所示，以风口的简化为例，对不同形状、不同结构、不同尺寸进行分类整理，并按照一定规则简化成一个最优选项（如宽高比可以采用优先数比例）。

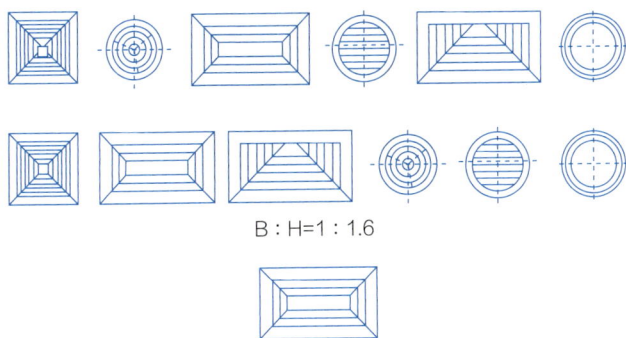

B：H=1：1.6

图3-12　设计标准化之简化应用

2　统一化

3　系列化

4　通用化

5　组合化

6　模块化

将具有特定功能的零件设计成一个模块并可用于不同场合。例如将压缩机和气分设计成一个大模块（图3-13），保证吸排气管结构的一致性，不用每次都要重新考虑管路结构和振动问题，因此节流阀组件可以满足不同机型的使用要求。

1　通过标准化，提升了效率，从而减少了人员需求，比如从上述螺丝规格改善的案例中就可以看出设计标准化带来的收益。

图3-13 节流阀组件的模块化设计

2 由于标准化，降低了管理复杂性和难度，从而降低了管理工作的要求，不用依赖于高素质的管理人员，也就降低了单位人力资源成本。

3 由于标准化的管理，能快速地培养新人适应工作要求，从而降低了人员流动带来的不利影响，减少了对人的依赖性。

比如，保洁公司就是这样，标准化的培训、管理和工作流程能让一个人快速上岗，人员离职也不会影响公司正常运转，因为新人能快速替补上来，接替离职人员的工作，就像一条流水线生产出来的一样。

4 标准化具有不断快速迭代、优化升级的基础。通过不断择优组合，从而让产品一代比一代好。标准化也一样，我们在已有标准化基础上，通过一次又一次不停地迭代升级，产生新的更好的标准化成品，从而大幅度提升最初的标准化成果，新的更优化的标准化成品能更好地指导后续工作。

综上所述，标准化具有一定的可复制性，能减少管理、提高效率、减少错漏，保证产品质量和服务水平的稳定性，同时能有效降低人力资源成本，减少对于人的依赖，最重要的是具有快速迭代优化升级，提供更好质量和服务的能力。因此，设计标准化工作具有非常重要的积极意义，对于公司如此，对于个人自我提升也有着非常积极的意义。

（六）

第六板斧：
设计评审，设计公差优化

需求是开发最重要的一个输入，好的开始是成功的一半。所以，产品需求的质量很大程度上决定了产品质量。

产品风险常常是开发过程中最大的一个风险，要降低需求阶段带来的风险，就要把设计评审做好。

许多企业产品在设计时，没有通过严格的设计评审，导致公差标准不符，无法实现量产，给生产带来大量的加工浪费。

1 设计评审（DR，Design Review）

设计评审主要考虑以下问题：

（1）设计构思是否符合市场需求？

（2）设计构思的可实现性？

（3）开发过程中设计内容的符合性？

（4）最终设计内容的符合性？

2 设计评审阶段（表3-3）

表3-3　设计评审阶段

阶段	定义	目的	责任部门
DR0	设计构思评审	根据构想设计、试制评价的内容确认制品企划书的内容	技术研发部门
DR1	设计试制评审	评价及检讨开发中的设计内容	
DR2	最终设计试制评审	完善设计内容及评价项目	
AQ0	设计结果评价	对设计结果进行评价，确认是否达成设计目的	

3 过剩的加工造成浪费

由于设计评审没有到位，公差标准偏差大，导致生产时出现大量的加工浪费。

（1）常见的加工浪费

加工余量、过高的精度、不必要的加工。

（2）加工浪费造成的损失

设备折旧、人工损失、辅助材料损失、能源消耗。

（3）加工浪费改善方法

制订强度标准，明确操作要求；简化生产流程，增强作业员的意识；改变工作台面布置、摆放方式；模具、夹具改良及自动化，减少辅助材料使用；价值分析和价值工程的活动推进。

（七）

第七板斧：
采用新产品或新材料替代

材料是人类制成用于生活和生产的物品、器件、构件、机器及其他产品的物质，是人类赖以生存和发展的物质基础。

资源的稀缺性决定资源的价值。不同的材料价格也不同，如果能够以满足功能为前提，根据市场供求状况和价格水平，通过设计变更和工艺优化，用供应更充足、价格更便宜的材料替代现有材料，则可以有效降低直接材料的成本，见表3-4。

表3-4　材料变更的因素

直接材料成本=材料用量×材料价格

材料成本	材料用量	材料价格	材料变更
↓	↓	→	材料不变
↓	↓	↑	高性能高强度材料
↓	↑	↓	便宜材料

材料价格不是材料变更的唯一因素，最终要看材料变更后单位成本是否下降，因此要根据材料价格和材料用量的变化综合考虑。

（一）材料变更的功能考虑

工业材料有金属和非金属两大类，常用金属有金、银、铜、铁、铅、锌、铝、钢等，非金属则有塑料、木材、纸类等。随着材料技术的快速发展，运用新材料实现产品的小型化、轻质化和低成本化已经越来越成为可能。

所谓新材料，指的是那些新出现或正在发展中的具有传统材料所不具备的优异性能的材料。回顾人类科技发展史，近代世界已经经历的两次工业革命都是以新材料的发现和应用为先导的。

1 用高强度材料替代低强度材料

例如，用合金材料替代纯金属材料，其强度大幅度提高，可以用更小的尺寸达到相同的强度，从而大幅度减少材料的使用量，虽然合金材料的价格更高，但总成本是更低的。

2 用高性能材料替代低性能材料

根据功能对材料物理性能和化学性能的要求，用高性能材料替代低性能材料，也可以大幅度减少材料的使用量，从而降低总成本。

　　某企业为确保产品在搬运、运输和客户使用前接线柱不被碰坏，包装前用端盖罩住接线柱以达到保护效果。多年来该企业一直使用镀锌薄铁板冲压制成端盖，成本为0.25元/个；由于金属材料价格一直处于走高趋势，端盖成本还在不断上升，同时，铁质端盖还存在下述缺陷：

　　①弹性不足，受到碰撞后容易变形，从而影响对接线柱的保护效果。

　　②容易因生锈而引发非性能方面的质量问题。

　　③因变形和生锈的原因，难以循环使用。

　　经过经济技术分析，该企业决定用塑料端盖（图3-14）取代铁质端盖，为了取得更好的降成本效果，采取如下措施：

　　①由内部制造改为外购。塑料端盖是利用树脂成型的方法生产的，为减少投资成本，决定从外部采购，寻找合适的供应商利用其现有技术和工艺进行开发和生产，本公司的冲压设备则转向其他零部件生产，从而避免不必要的投资并消除资产闲置。

图3-14　取代铁质端盖的塑料端盖

②循环使用。因塑料端盖弹性好，不易变形，保护效果好，且不会生锈，所以可以多次循环使用。为此，该企业争取到客户的支持，在产品使用后从客户生产线将端盖回收送回本企业，经过挑选和清洗后再次使用。

由于端盖只是在包装、运输过程中起保护作用，用塑料端盖取代铁质端盖对产品性能完全没有影响，还能提高保护效果、避免质量不良、降低成本。

上述改善实施后，塑料端盖采购成本仅为0.14元/个，以每个平均使用3次、回收率80%计算，单台产品的端盖成本为0.057元/个，下降0.193元/台，以年产800万台产品计算，每年可创造经济效益154.10万元。

3 用便宜材料替代昂贵材料

在相同的使用量（一般情况下为体积或重量）的情况下，使用便宜的材料替代昂贵材料，考虑密度的影响，可以使材料重量更低或体积更小，通过短小轻薄化降低总成本。

案例6　钎焊料无银化改善

某工序使用含1%银的铝焊料进行热交换器的钎焊作业，由于热交换器对钎焊后的密封性能要求极高，1%含银铝焊料熔解温度低，焊料渗透性能好，对作业技能要求相对低。但是，1%含银铝焊料结晶粒度相对粗糙，采购价格高达117.2元/千克，根据当年1—6月的统计，单台用量为23.6g，单台成本为2.766元。

为了降低焊料成本，决定采用无银焊料替代1%含银焊料，需要解决的问题是：焊料材料的均匀性要好，员工钎焊技能要高。经过供应商的支持和配合，同时由技能娴熟的员工通过批量试验确定最佳钎焊方法解决了上述问题，无银钎焊料投入批量生产（图3-15）。

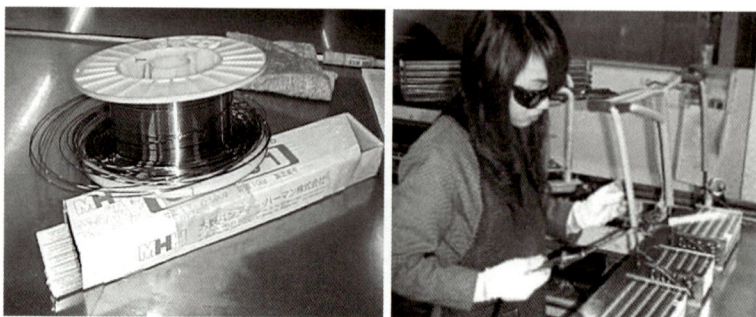

图3-15　钎焊料无银化改善

使用无银钎焊料后，采购价格降为90.25元/千克，单台消耗量为24.8克，单台成本为2.238元，降低0.528元（表3-5）。当年7—12月，使用无银焊料生产达815852台，节约成本43.077万元。

表3-5　焊料无银化降成本效果

焊料种类	采购价格	单台用量	单台成本	降成本效果
1%含银焊料	117.2元/千克	23.6克	2.766元	0.528元/台
无银焊料	90.25元/千克	24.8克	2.238元	

（二）材料变更的工艺考虑

工艺技术是产品的实现途径，材料变更需要工艺的支持，工艺先进也是一种节约，它能减少生产环节、确保产品质量、降低生产成本。

随着工艺技术的不断进步，运用新技术、新方法支持材料变更的实现，是降低材料成本的重要保证；同时，新材料的采用又可能简化工艺、降低加工成本，二者相互作用、相辅相成。

📑 案例7　球墨铸铁改粉末冶金

某企业采用以球墨铸铁浇铸成型工艺生产滑动轴承毛坯，再进行粗加工和精加工生产出滑动轴承装配到产品中。

由于球墨铸铁浇铸成型工艺一直沿用传统的实体模造型，生产进度慢，劳动强度大，还经常出现针孔等铸造缺陷，轴承加工余量大、加工难度高、产品缺陷多、生产效率低。经过内部研讨，专家建议利用粉末冶金工艺取代球墨铸铁浇铸工艺，开发粉末冶金轴承取代球墨铸铁轴承。

粉末冶金是制取金属粉末、采用成形和烧结工艺将金属粉末（或金属粉末与非金属粉末的混合物）制成材料和制品的工艺技术。粉末冶金技术可以最大限度地减少合金成分偏聚，消除粗大、不均匀的铸造组织，具有优异的电学、磁学、光学和力学性能，可以生产普通熔炼法无法生产的具有特殊结构和性能的材料和制品，充分利用矿石、尾矿、炼钢污泥、轧钢铁磷、回收废旧金属作原料，实现近净成形和自动化批量生产，有效地降低生产的资源和能源消耗。

经过半年的努力，该企业开发出SLS型激光粉末烧结快速成型工艺，最终实现用粉末冶金轴承取代球墨铸铁轴承。

一件浇铸产品必须经过图纸、木模、造型、浇铸等几道复杂工艺方才成型，如今只要轻轻一点鼠标便迎刃而解，SLS型激光粉末烧结快速成型工艺一改过去浇铸产品修了补、补了又修的老大难问题，专业技术人员只需利用二维图纸或产品实物，通过计算机进行三维模型制作，再将三维图形转换为特定的数据输入新系统中，点击"OK"键后直接烧结成型，就可以又快又好地制造出外形和内腔复杂的新产品来。

粉末烧结快速成型工艺解决了针孔等铸造缺陷，尺寸精度、表面光洁度都达到了要求，不但大幅度降低了材料成本，而且取消了轴承粗加工工序，简化了工艺，降低了后续加工成本，用新工艺生产出的滑动轴承所用工时仅为原来的1/5。

效率提高了，质量上去了，工作环境来了个180度的改变，干部员工尝到了新工艺带来的大甜头。

引进消化高科技设备和工艺服务于生产，走生产、科研、开发并举的道路。企业要想不被市场淘汰，必须在科技创新上下功夫，既要投入巨资增添新设备、新工艺，更要用好新设备、新工艺。

材料变更的实现除需要考虑功能的因素，还要考虑工艺方法的可行性和硬件投资的投入产出比，所以，一定要进行全面的技术经济分析，同时综合比较内部制造和外部采购的优劣势，以总成本最低为目标进行改善决策。

技术革新的关键在于人。企业发展要着眼长远，不但要充分利用现有科研人才资源，通过"以老带新，以老帮新"，从实战经验中加快新人的培养，提升整体技术能力，还要采取内部育才和外部引才的人才发展战略。

第四章

全面开火:
砍削制造成本七板斧

在推行降成本活动中，如果没有考虑到前端的设计价值工程活动，那么实施改善的对象就是制造部门，而制造部门已经是产品实现的末端阶段，许多的结构和材料已经较难更改，或者变更流程较为复杂，但并不是没有改善的空间和方法，具体的主要以工艺改良为方向。

在制造四大技术中，工艺技术是产品的实现途径，工艺先进也是一种节约，它能减少生产环节、降低材料损耗、确保产品质量、降低生产成本。

引进高科技设备和工艺服务于生产，走生产、科研、开发并举的道路。企业要想不被市场淘汰，必须在科技创新上下功夫，既要投入巨资增添新设备、新工艺，更要用好新设备、新工艺。

第八板斧：
精益工具运用，生产方法优化

首先，我们在开展制造降本时，需要考虑的是生产方式的优化可行性。常见的生产方式有两种，一种叫离散型生产方式，另一种叫连续型生产方式（图4-1）。

离散型生产的特点：产品是由许多零部件构成的，各零件的加工装配过程彼此是独立的，所以整个产品的生产工艺是离散的，制成的零件通过部件装配和总装配，最后成为成品。如：机械制造、电子设备制造行业的生产过程均属这一类型。

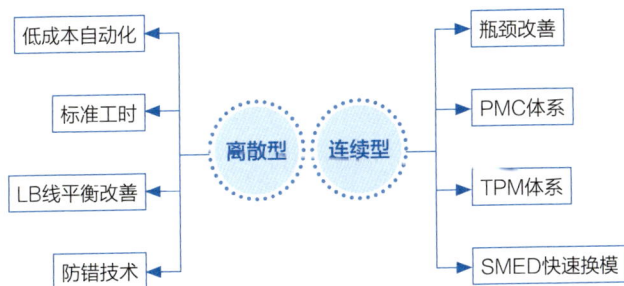

低成本自动化 ← 离散型 连续型 → 瓶颈改善

标准工时 ← 离散型 连续型 → PMC体系

LB线平衡改善 ← 离散型 连续型 → TPM体系

防错技术 ← 离散型 连续型 → SMED快速换模

图4-1 离散型和连续型生产方式

连续型生产的特点：产品制造的各道工序前后必须紧密相连。即从原材料投入生产到成品制成时止，按照工艺要求，各个工序必须顺次连续进行。如：冶金、纺织、化工等行业的生产过程。有些连续生产，在时间上不宜中断，如发电、炼铁、炼钢、玻璃制品生产等，假日、节日一般也不停止生产。

所以，在推行制造降本时，根据离散型和连续型生产模式的不同，我们开展的工艺优化稍有区别，离散型更多运用IE七大手法或ECRS改善四大原则，从工序分析、动作分析找到瓶颈工序，计算线平衡，开展工序改善；连续型生产更多从TPM（全员生产维护）、PMC（订单执行体系）和SMED（产品快速换型）方面开展。

（一）作业时间测定

能普遍衡量生产效率的指标是时间。作业时间可以有效地反映作业方法的优劣和作业效率的高低。作业时间测定是通过作业时间对作业方法进行定量的状态分析，是作业分析的重要手段。标准工时（标准循环时间）、工时运用效率和出勤体制决定了生产能力和综合效率，进而决定了交货周期和合同履约能力。提高生产效率是现场管理的另一重要目标。

1 作业循环时间的构成

作业循环时间是完成一个作业循环所需的时间，一般由设备加工时间、人工辅助时间和等待时间（图4-2）组成，常用单位为秒，工时研究时也常用DM（1分钟=100DM）。

作业循环时间		
设备加工时间	人工辅助时间	等待时间

图4-2　作业循环时间的构成

在现代工业生产中，工序加工是通过人与设备的联合作业实现的：主要的增值工作（即改变产品形状、尺寸、性质和状态的工作）由设备完成——这部分时间即设备加工时间；作业人员则负责作业准备、工件装夹、取卸、设备启动、工件质量检查等工作——这部分时间即人工辅助时间。

当设备加工已经完成，而人员准备不到位、造成设备处于停止加工状态，此时即会出现等待时间；当一个作业人员负责两个或以上工序作业、造成某个工序作业的设备处于等待状态时，也会出现等待时间。一般来说，我们希望等待时间为零，但在精益生产尤其是单元式生产过程中，有时会出现等待时间不为零的情形。

2 标准工时

标准工时是最常用的标准作业循环时间，是采用规定的方法和设备，按照规定的作业条件，由经过适应性训练、充分掌握本工序作业并具有特定熟练程度的作业者在不受有害影响的条件下以最快的节奏进行充分履行本工序功能的平均性作业，完成每个单位作业所必需的时间。它体现的是平均多长时间产出一个单位产品。

确定标准工时有很多方法，其中最常用的是秒表测定法（也称马表测时法⊖），用这种方法确定的标准工时主要由观察时间、修正时间和宽余时间三部分构成（图4-3）。

标准工时

| 观察时间 | 修正时间 | 宽余时间 |

图4-3　标准工时的构成

观察时间是使用秒表进行观测、除去异常值外测量10—40次所获得的平均时间；修正时间是由于不同作业者之间的熟练度、工作热情、努力程度等差异造成的时间偏差；宽余时间是除实际操作外，作业者疲劳、指示、反馈、线不平衡等造成的必要时间补偿。

所以，标准工时既不是最高值，也不是平均值，而是中间偏上值；标准工时一经确定，即可根据工时运用效率确定相关的生产能力。

标准工时的测定有其科学的方法，确定标准工时是进行效率

⊖ 马表测时法又称直接测时法，是利用马表测量一工作单元完成所需的时间，再加入评比系数及宽放时间后而得到的标准时间。

衡量和能力衡量的第一基础，也是进行定岗定员、出勤体制安排和作业改善的第一步。

标准工时是衡量工序作业的基本指标，是计划编制、效率管理和效益核算的基础，同时还是作业改善和公平性业绩评价的基础。

（二）工时运用效率衡量

生产中的人员投入其本质是工时投入，所投入的工时直接运用于有效产品产出的比率即为工时运用效率。

1 有效运转率

每天投入的工时中只有一部分是能有效产出产品的，这部分工时占当天总投入工时的比率，称之为有效运转率。

$$有效运转率 = \frac{有效作业时间}{总投入工时} \times 100\% = \frac{总投入工时 - 非作业时间}{总投入工时} \times 100\%$$

其中：非作业时间包括计划内非作业时间和计划外非作业时间。计划内非作业时间是根据实际需要、有计划地安排的必要的非作业时间，如班前会、设备点检、工间休息等；计划外非作业时间是我们不希望其发生但实际上又必然会发生的非作业时间，如设备故障、设备调整、材料待工、质量问题等。

有效运转率是一种效率指标，根据月度工时运用统计方法可以得到阶段性有效运转率数值。

为了提高有效运转率，务必减少无有效产出的非作业时间，包括计划内非作业时间合理化和计划外非作业时间最小化。

2 切换率和切换效率

在每个月的工时投入中，还有一部分用于机型切换的时间也是不能有效产出产品的，这部分时间占月总工时的比率，我们称之为切换率。

$$切换率=\frac{总切换时间}{总投入工时}\times 100\%，切换效率=1-切换率（\%）$$

3 综合有效运转率

综合有效运转率是工时运用效率的整体反映，是有效运转率和切换效率的综合效果，其计算公式是：

$$综合有效运转率=有效运转率\times 切换效率=有效运转率\times（1-切换率）$$

工时运用效率是生产效率管理的重要指标，它与标准工时共同决定了生产能力，进而决定了综合生产效率。

案例1 工序工时效率计算

某工序出勤体制为两班两倒，每班出勤8小时、一天出勤16小时（960分钟），7月18日该工序工时运用的实际情况见表4-1。

表4-1　某工序工时运用状况

工时消耗项目		时间（分钟）
计划内非作业时间	班前会	20
	设备点检	5
	工间休息	20
计划外非作业时间	设备故障	51
	设备调整	13
	材料待工	12
	质量问题	17
	其他	15
有效作业时间		807
合计		960

则该工序有效运转率为：有效运转率=807÷960=84.06%

该工序主要生产U、V两大系列产品。2020年7月，该工序生产26天、机型切换52次，机型切换消耗的总工时为1254分钟。

则该工序切换率为：切换率=1254÷（16×26×60）=5.02%

切换效率为：切换效率=1-5.02%=94.98%

以上案例生动展示了工序所投入工时的消耗及运用效率状况。

（三）生产能力衡量

根据标准工时、工时运用效率和出勤体制，可以精确地计算出具体的工序生产能力。

1 单时生产能力

单时生产能力与产品系列（型号）的标准工时（标准循环时

间）及有效运转率直接相关，具体计算方法为：

$$单时生产能力 = \frac{3600 \times 有效运转率}{标准循环时间} \quad 件/小时$$

2 单日生产能力

单日单型号生产能力=单时生产能力×单日出勤时间

单日单系列生产能力=单日单型号生产能力×（1-本系列切换率）

3 月度生产能力

当生产线实行专线化生产即该生产线只生产某一系列的产品时，其月度生产能力为：

月度产能=单日能力×月生产天数×（1-切换率）

当生产线实行通用化生产即该生产线生产两种或以上系列产品时，其月度生产能力为：

月度产能=（∑系列单日单型号生产能力×本系列比率）×（1-切换率）

4 年度产能

当生产线实行专线化生产即该生产线只生产某一系列的产品时，其年度生产能力为：

年度产能=单日能力×月生产天数×（1-切换率）×标准生产月数

当生产线实行通用化生产即该生产线生产两种或以上系列产

品时，其年度生产能力为：

$$月度产能=（\sum 系列单日单型号生产能力×本系列比率）$$
$$×（1-切换率）×标准生产月数$$

应该说明的是，此时生产月数是指能够达到正常出勤天数的月份数量，并不一定为12，因为春节、"五一"、"十一"等假期以及行业的淡旺季会造成有的月份达不到正常的生产能力，如制冷行业的标准月数一般为10。

掌握了标准工时、工时运用效率和生产能力的衡量方法之后，我们可以将之有效运用于计划编排、生产组织、效率提升改善等现场管理工作。

📑 案例2　工序生产能力计算

案例1所述工序的标准工时为：U系列12.6秒/件，V系列14.0秒/件，则该工序生产能力为：

（1）单时生产能力

$$单时U系列生产能力=\frac{3600×84\%}{12.6}=240件/小时$$

$$单时V系列生产能力=\frac{3600×84\%}{14.0}=216件/小时$$

（2）单日生产能力

$$单日U系列单型号生产能力=240×16=3840件/日$$

单日U系列生产能力=240×16×（1-U系列切换率）件/日，此

时切换率＜5%

单日V系列单型号生产能力=216×16=3456件/日

单日V系列生产能力=216×16×（1-V系列切换率）件/日，此时切换率＜5%

（3）单月生产能力

月度U系列生产能力=3840×26×（1-U系列切换率）件/月，此时切换率＜5%

月度V系列生产能力=3456×26×（1-V系列切换率）件/月，此时切换率＜5%

2020年7月，该工序每月生产计划中U系列占60%、V系列占40%，则该工序的月度生产能力为：

月度生产能力=（3840×26×60%+3456×26×40%）×（1-5%）
=91054件/月

如在上述案例中，为了提高生产效率，有必要将有效运转率84%提高到86%、将切换率由5%降低到3%，即可进行相关的改善分析、方案确定及对策实施。

（四）综合生产效率衡量

标准工时、工时运用效率和生产能力只是表层的生产效率指标，综合生产效率才是生产效率的整体反映。

1 单人单时的生产能力

综合生产效率常用单人单时的生产能力进行衡量，例如：某企业2019年的综合生产效率为1.67台/人·时，2020年的目标是在2019年的基础上提升5%，即2020年的综合生产效率目标为1.75台/人·时。

2 单位产品的人工费用

提升综合生产效率的最终目标是降低单位产品的人工费用，进而降低产品的生产成本，提高产品的市场竞争力。

提升综合生产效率，降低单位产品的人工费用是一个系统的改善工程，包括：

（1）提高工艺技术能力，缩短标准循环时间。

（2）加强班组管理，提高有效运转率。

（3）加强机型切换改善，提高切换效率。

（4）进行线平衡分析，通过瓶颈改善提高整体生产能力和综合效率。

（5）优化生产组织方式，如合理安排出勤体制、生产计划等。

（6）优化用工结构，如适当采用季节工、临时工或劳务外包。

减员增效也好，增员增产也罢，其本质都是通过数字化的科学分析，优化资源配置，实现资源价值最大化。

(二)

第九板斧：
技术是突破性的，采用新工艺降本

管理措施能够不断推进改善，达到渐进提升的效果，如果要谋求突破性的效果，一定要重视技术（包括产品技术、工艺技术、信息技术和管理技术）的深度运用，当技术运用进入运行阶段后，基于相同的技术要浪费最小化，则需要管理措施将之落实到位。

只有运用新技术才能够使产品成本突破性降低。

📑 案例3　吹风机风轮新工艺改善

图4-4所示是某企业生产的酒店、高铁、机场所使用的干燥吹风机，其风轮采用锌钢片，造价高，工艺复杂，如果动平衡调整不好还容易导致转动噪声大，风量低。每装一台要调整很长时间，严重影响生产效率，而且作业员工在总装时容易割伤手，导致安全事故，存在

图4-4　吹风机

安全隐患，一年采购费用为3300000元，这还不算影响生产效率的成本。

公司综合考虑到金属风轮采购费用太高，利润太低，决定导入新工艺，重新开模，用注塑成型技术生产塑胶风轮（图4-5），不但重量减轻，而且成本很低。

项目组展开讨论，经过多次的技术研讨，设计出塑胶风轮的开模图纸，经评审后开模试制，材料由以前的金属材料改为PA66+30%GF（即尼龙66加30%玻璃纤维料），最终测试成功，新的成型工艺塑胶风轮完全可以取代金属风轮，既降低了成本，又减轻了重量，让电机负荷降低，延长其使用寿命，更关键是塑胶风轮可以由自己工厂安排生产，不再会因外部供应能力不足而影响交付，新的工艺导入，一下子解决了大问题。

图4-5 吹风机金属风轮与塑胶风轮

三

第十板斧：
削减工时耗用，降低人工成本

人力是企业投入的重要生产要素，人力的投入实质是人工投入，人工投入必然产生人工成本。显然，投入的人工越少，产出的有效产品越多，则人工成本越低。

在成本管理中，人工成本是以单位产品的人工费用进行衡量的，人工成本降低并不意味着员工工资就一定降低，也不意味着员工平均工时工资就一定降低。

人工费用是企业向员工支付报酬和福利的总称，是总额的概念，显然，对特定企业来说，人工费用可以折算到一个人工时的费用水平（元/人·小时）。人工工资以员工为衡量对象，即员工获得的劳动收入。

人工成本则是人工费用折算到单位产品所发生的费用水平。在成本管理中，人工成本是以单位产品的人工费用进行衡量的，即每生产一个单位产品耗费的与人工直接相关的费用是多少，包括员工的工资、保险、福利（如津贴）等，其单位是"元/台""元/吨"等。

在了解上述概念及其结构后，才能找到降低人工成本的有效途径。

（一）人工成本认知

1 区分人工工资与人工成本

人工工资以员工为衡量对象，即员工获得的劳动收入，如某员工3月的工资为2000元、某企业一线员工平均工资为2100元；人工成本以单位产品为衡量对象，即单位产品耗费的平均人工费用，如某化妆品生产企业人工成本为7.81元/件。

一般来说，人们提到降低人工成本就会直觉性地认为员工工资会降低，实则不然，美国通用电气前总裁杰克·韦尔奇认为：支付更高的工资同时使人工成本最低完全有可能。即使工资在增长，如果总体生产效率上升幅度大于工资增长，总人工成本相对总产值的比例也会下降。关于这一点，通过分析人工成本的构成即可明白。

2 人工成本构成

衡量人工的基本单位是人工时即"人·小时"，一个员工在企业工作一个小时即一个人工时。

决定单位产品人工成本的因素有两个：一是单位产品人工时消耗，二是单位人工时的费用标准。

因此，以台为单位计量产品来举例：

单位产品人工成本=单位产品人工消耗×单位人工时费用

以数据及单位来表示即：

_____元/台=_____人·小时/台×_____元/（人·小时）

显然，在生产相同产品的情况下，国内企业的人工成本远比美国企业低，但这并不意味着国内企业的生产效率就一定比发达国家的企业高，因为国内企业主要是通过非常低的人工时费用来获取低人工成本的比较优势的。

> 📑 **案例4　走提升效率削减成本之路——丰田汽车加快日本工厂技改步伐**

日本丰田汽车公司曾对其国内主力生产基地爱知县的高冈工厂进行了技术改造，实现了人和机器人的"联合作业"。这是过去40年来该公司首次对高冈工厂的生产线进行全面技术改造。

参观工厂时人们可以看到，机器人用机械臂非常灵巧地举起汽车前挡风玻璃，操作工人手扶机器人的机械臂将玻璃引导到车体前面，最后工人和机器人合作将玻璃安装到准确的位置。过去，这道工序需要两名熟练工人，而今只需一人就能解决问题。主管生产的公司副总经理内山田竹志自豪地介绍说："原来最难的一道工序现在一下子变得非常简单。"

现在，在高冈工厂运转的机器人超过了1000台，是技术改造前的3倍。生产效率比原来提高了20%，平均每50秒组装一辆轿车。该公司将工人随机应变的判断能力和机器人的操作结合在一起，创造出了极高的生产效率。

据介绍，此次对高冈工厂的投资额约达600亿日元。考虑到这是一次工厂的全面翻新，这笔投资并不算多。与改造前相比，现在的生产成本下降了将近20%。照此计算，年产50万辆汽车的高冈工厂只需花费40万辆的成本。

这一成本无论在日本国内，还是在世界上都是最低廉的，甚至可以说有些违背常理。日本国内工人月收入不低于25万日元，而在中国广州工厂的工人月工资仅为3.3万日元左右。如果技术革新能够填补工人工资8倍的差异，那么将这种工厂转移到国外，其竞争力是可想而知的。

在丰田汽车公司，技术革新带来的实际成果已体现出来。位于丰田市的元町工厂一直生产"皇冠"等汽车。过去，该厂的生产成本曾经是中国的两倍，而今，通过恢复人工搬运部分零部件和逐步提高自动化水平，工厂包括人员开支在内的生产成本已低于中国。工厂负责人伊奈功一介绍说："公司一直在以中国的生产成本作为目标进行改革。"

在巨大市场的推动下，中国和印度的汽车企业正在飞速发展，世界汽车产业的格局正在发生变化。企业如何在竞争中取胜？法国雷诺－日产公司将超低价格汽车的生产委托给了印度的企业，美国的克莱斯勒公司也将小型汽车的生产委托给中国奇瑞汽车公司。这是为了降低生产成本而采取的权宜之计，但丰田选择的是不同的道路。

（二）人工成本与生产效率

根据人工成本构成分析，要降低产品的单位人工成本，一是降低单位产品人工消耗，二是降低单位人工时费用。

1 单位人工时费用呈必然上升趋势

自20世纪末开始，源自发达国家的企业社会责任浪潮席卷全球。所谓企业社会责任（Corporate Social Responsibility，简称CSR）是指企业在创造利润、对股东利益负责的同时，还要承担对员工、对社会和环境的社会责任，包括遵守商业道德、生产安全、职业健康、保护劳动者的合法权益、节约资源等。

在中国，企业社会责任的议题萌发于社会基本稳定、经济持续增长的背景下。作为一种国际普遍认同的理念，企业社会责任要求企业承担起"企业公民"应尽的社会责任，让中国更加阳光，让社会更加和谐。

员工利益是企业社会责任中最直接和最主要的内容，目前，中国政府正采取积极有效的步骤，使企业更好地承担社会责任。

因此，从社会进步和国家发展的角度，企业要更好地承担社会责任，必然要使员工更好地获得报酬、安全、保险和福利等待遇，更多地分享企业发展成果，从中长期角度来看，社会的平均单位人工时费用呈必然上升趋势。

2 提高生产效率是降低人工成本的最重要途径

能普遍衡量生产效率的指标是时间。作业时间可以有效地反映作业方法的优劣、作业效率的高低；工时投入的运用状态通过单位产品人工时消耗进行衡量，这是生产效率最直接的反映。

由于单位人工时费用呈必然上升趋势，要降低单位产品人工成本，必然要降低单位产品人工消耗，即提高生产效率。

提高生产效率，不但依赖企业的技术投入和资源投入，更需要广大员工的支持和参与。因此，随着社会发展，相应提高单位人工时费用，有利于员工队伍稳定，提高员工对企业的归属感，激发员工的主动性、积极性和创造力，从而不断提高生产效率，与企业共赢。

（三）人工费用控制

企业的人力投入包括直接人工和间接人工，企业产生的人工费亦由直接人工费和间接人工费组成。

直接人工是指直接参与生产的一线人员的人工投入；间接人工是指不直接参与生产、为辅助生产而配备的人工投入，如管理干部、职能管理人员。

1 间接人工费用控制

相对而言，间接人工费基本固定，与生产量没有强相关性。

因此，企业要控制人工费用，一方面要通过科学的岗位分析，合理地设置直接岗位（生产岗位）和间接岗位（非生产岗位），通过定岗定员使每个岗位员工都能满负荷工作，最大限度地发挥人力资源效益；另一方面亦要从宏观规划的角度合理优化直接人工和间接人工比率。

例如，某企业生产传统机电产品，根据行业及其工艺特点，其2019年的间接人工比率控制在15%～20%，并根据与竞争对手的比较分析，要求人均年产值必须高于56万元/人的水平，以此为标准要求各部门优化岗位设置、精减人员，提高组织效率。

一般来讲，企业在进行长期市场预测时，必须要结合企业本身情况，确实建立起合理的企业组织架构，制订出长期人员聘用、培训计划。对于不可或缺的职位，可参考市场人力成本状况，尽量给予长期福利，甚至高于市场人力成本的报酬，以达到为企业长期服务之效，避免人员流动频繁所带来的额外成本。对于普通业务人员，其薪资可以低于市场价格，但个人的绩效奖金可以大大高于市场价格，依据员工个人贡献大小支付报酬；对于其他一般职位，可以根据生产状况的实际需求，参考市场人力成本水平，进行调整和确定。

另外，加班费的控制应有相应制度，一定要设定加班事先申报和事后核准，并结合最高加班时数的限额，对间接人工的加班费进行严格管控。

2 直接人工费用控制与"少人化"

每个企业自始至终考虑的是要用尽量少的人力来生产更多的产品。相对而言，直接人工费虽然不与生产量成正比，但其与生产量有较强的相关性。

日本企业用"省人化"代替"省力化"，并将"省人化"上升到"少人化"。"省力化"是通过工装夹具、设备的自动化局部或全部取代手工操作，减少操作者体力消耗，使员工省时省力，减少工时消耗；"省人化"是通过多工序作业，减少操作人员；而"少人化"则更进一步，即通过改进设备和工序作业，用最少的人生产市场所需要的数量。

可见，通过不断改善达到"少人化"，是企业减少人工费用的重要途径，无怪乎"少人化"成为日本企业每年做事业计划时必须考虑的重要管理活动之一。

3 季节性生产的应对之道

对于季节性非常强的生产型企业，除了采用上述对策以外，还可考虑生产互补性的产品实现均衡化生产，例如：广东某企业以生产月饼为主，为解决生产淡季的人员闲置，后来增加了果冻的生产和销售。

（四）IE改善与效率提升降低人工成本

随着管理水平的提升，越来越多企业导入IE（工业工程）、VE（价值工程）和统计技术，并运用IE手法提升效率来降低人工成本（图4-6）。

灵活运用工业工程、价值工程和统计技术三大管理方法推动企业内部改善，是优化系统效率、提高企业效益的技术保证。

工业工程是对人员、物料、设备、能源和信息所组成的集成

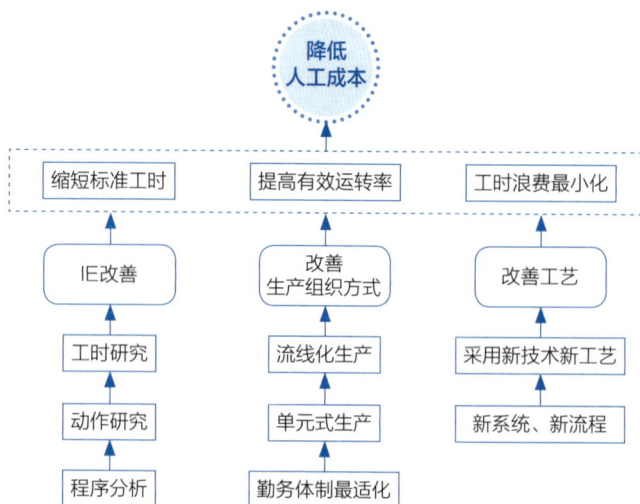

图4-6　IE改善与效率提升

系统进行设计、改善和设置的一门学科。它综合运用数学、物理学和社会科学方面的专门知识和技术，以及工程分析和设计的原理与方法，对该系统所取得的成果进行确定、预测和评价。

　　通过研究、分析和评估，对制造系统的每个组成部分进行设计（包括再设计即改善），再将各个组成部分有机地结合成整体，以实现生产要素合理配置，达到确保安全、提高质量、减少浪费、及时交货、提升效率和降低成本的目的，并优化系统运行。

1 推进"三化"改善

　　工业工程以降低成本、提高质量和生产效率，追求生产系统的最佳整体效益为核心，将技术与管理有机结合，强调以人为本，充分运用人体工学的研究成果对生产运作系统进行改善，其内容包括操作方式、工作设计、岗位、设备、环境和组织系统等各方面。

工业工程非常重视整体优化（少投入多产出），特别强调简化、专业化和标准化的"三化"。所谓简化，就是简便化、简单化；专业化就是专业分工、专门化作业；而标准化则包括作业标准化和标准化作业。作业标准化是将工序作业的内容、要求和方法进行规范，设计最合理的省时又省力的作业方法，之后设定标准时间，形成作业标准，而作为工序作业和作业管理的标准性文件，这就是作业标准化（Operation Standard）；员工严格按照作业标准化确定的要求实施工序作业，进行作业检查并记录，同时敏锐观察并及时报告变化，这就是标准化作业（Standard Operation）。

工业工程重视以现场作业为中心，推进提高生产效率的工具和方法设计与改善，即为了更加轻松、正确、快速、低成本地进行生产而对方法和手段进行改善。

2 不断改善工序作业

运用工业工程中动作分析的方法，遵循动作经济原则对工序作业进行改善，用科学、合理的动作和方法，借助必要的工具、夹具完成工序作业，使员工做得更轻松、更舒适、更快、更好，这是工序作业改善的目标，也是改善现场制造效率的重要内容。

某车间在生产热交换器的过程中要对翅片进行清洗，原操作一直需要两个人戴着橡胶手套联合作业，清洗作业效率低且不安全。班长李强经过观察后思索：能不能通过一个工装夹具实现既能一个人操作又能确保效率和安全？

为了解决这一问题，李强利用班后时间左比右划，做了又拆、拆了又装，在同事们的帮助下，经过几周试验，最后制作出了一个看似简单却十分巧妙、实用的工装，即降本增效的"李强夹"（图4-7）。

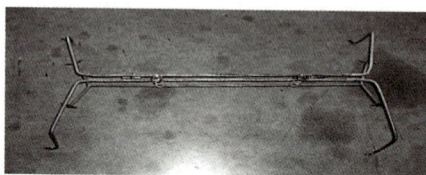

图4-7　降本增效的"李强夹"

利用此工装进行翅片清洗作业，一人即可操作，不但操作简便，而且消除了安全隐患（表4-2）。

表4-2　改善前后的操作流程对比

改善前操作	改善后操作
1. 取料	1. 取料
两人作业，配合要默契	一只手轻松取料

改善前操作	改善后操作
2. 入槽	2. 入槽
入清洗槽，要小心翼翼	安全放入清洗槽
3. 清洗	3. 清洗
两人在清洗液中清洗	清洗液中摆动清洗
4. 漂洗	4. 漂洗
清水漂洗	清水漂洗 手把一按自动松夹 洗后滤水，非常方便

通过上述改进，班组作业人员配置可减少一人，一年节约人工费12000元。更为有意义的是项目的实施带动了基层员工积极参与提效率、降成本活动。为了表扬李强的贡献和创造精神，公司奖励他500元，分厂把李强发明的上述工装命名为"李强夹"。

动作经济原则是通过对人体动作能力的研究而创立的一系列易操作又有效的动作设计和改善原则，它能最有效地发挥人的能力，同时使作业者疲劳最小、动作迅速，其基本要求是：两手同时使用，使动作单元力最少、动作距离最短、动作轻松容易。动作经济原则包括肢体使用原则、作业配置原则和机械设计原则三大方面。

肢体使用原则的目的是使动作轻松有节奏，主要方法是：作业时双手同时开始、结束动作；作业时双手对称反向运用；以最低等级的动作进行作业；使员工动作姿势稳定；运用连续圆滑的曲线动作；利用物体惯性；减少动作注意力；使动作有节奏。

作业配置原则重点规范工序作业过程中使用到的工具、材料和量具等在现场如何合理摆放，其基本要求是：材料、工装定点、定容、定量；材料、工装预置在小臂范围内；材料、工装取放简单化；物品水平移动；利用物品自重进行工序间传递；作业高度适宜、便于操作；岗位照度符合作业注意力的需要。

设备、工装夹具和工具是工序作业的重要硬件，其设计、配备必须遵循下述经济原则：用夹具固定产品及工具；使用专用工具；将两种工装合并为一个；使工装便利化，使之与人体动作更协调，减少疲劳；机械操作动作相对稳定，操作程序流程化、标准化；控制程序与作业程序配合。

通过效率改善，从"省力化"到"省人化"最终实现"少人化"，才能最终提高人工的产出投入比，不但使单位产品的人工成本降低，而且不断降低员工的劳动负荷，实现企业与员工的双赢。

（四）

第十一板斧：
消除浪费性作业，提升生产效率

有些企业每生产一件产品就在制造一份浪费。伴随在企业运营中的各业务环节不被察觉或不被重视的浪费越来越多，日本企业管理界将这样的企业形象地比喻为"地下工厂"。

要提高竞争力，必须最大限度地发挥资源效益，使经营效率极限化，为此，务必正确地认识增值和浪费，将创造价值和消除浪费两大类业务并举。

（一）增值和浪费

工作的根本目的是给产品和服务增加价值。

制造型企业通过满足客户的功能需求而创造价值，正确地认识增值和浪费是树立正确的工作意识，正确地开展日常业务的基础。

1 增值

通过物理或化学的方法改变物料的形状、尺寸、性质、状态，最终改变产品的功能，使之满足客户的使用需求，这是制造型企业创造价值的根本途径。

因此，企业根据客户的功能需求开发出市场所需要的产品，通过销售获取订单，以低于销售价格的总成本、在客户所需要的时间提供客户所需要的产品和数量，从而创造价值、实现利润。

制造型企业就是以低于销售价格的总成本生产出产品、通过物料大进大出、快进快出实现资金的流动和增值，资金每流动一次就增值一次，资金流动越快，增值能力越高——一切服务于上述目的的工作就是创造价值的工作。

2 浪费

一切对"以低于销售价格的总成本、通过改变物料的形状、尺寸、性质和状态最终实现客户所需要的功能"没有帮助的工作就是浪费，因为它消耗资源、造成损失。

因此，企业运作过程中存在两大类业务（图4-8），一类是消除浪费型的业务（亦称问题解决型业务），另一类是价值创造型业务（亦称目标实现型业务）。

发现问题是解决问题的第一步，掌握了增值和浪费的标准，将使我们带着问题意识和问题眼光正确地发现、分析和解决问题。

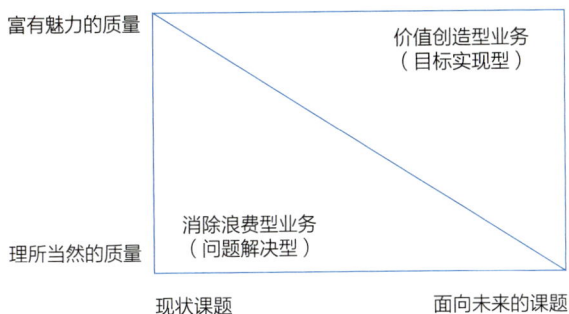

富有魅力的质量

价值创造型业务
（目标实现型）

消除浪费型业务
（问题解决型）

理所当然的质量

现状课题　　　　　　　面向未来的课题

图4-8　两种基本业务类型

（二）企业常见的七大浪费

日本专家通过长期的实践和研究发现，企业内有七种常见的浪费。

1 等待浪费

等待是非加工过程，不能改变物料的形状、尺寸、性质和状态从而改变物料的功能，所以等待不创造价值。

待工和待料是两种最常见的等待情形，常见的等待现象有：物料供应或前工序能力不足造成待料，监视设备作业造成员工作业停顿，设备故障造成生产停滞，质量问题造成停工，型号切换造成生产停顿。

造成等待的常见原因：线能力不平衡、计划不合理、设备维护不到位、物料供应不及时等。

等待浪费的改善方向：均衡化生产、一个流生产、自动化及设备保养加强、进料配料控制。

2 搬运浪费

搬运也是非加工过程，它不能改变物料的形状、尺寸、性质和状态从而改变物料的功能，而且搬运过程中的放置、堆积、移动、整理等造成空间、时间、人力和工具等浪费，可谓费时、费力、费资源。

搬运浪费的改善方向：缩短距离、自动物流、合理化布局，搬运手段合理化、避免重新堆积、重新包装。

3 不良浪费

美国零缺陷大师克劳斯比说："任何事情没有一步做到位都会造成额外成本"。质量不良也不例外，常见的不良浪费：材料损失、设备折旧、人工损失、能源损失、价格损失、订单损失、信誉损失等。

不良浪费的改善方向：最初检查、自动化标准作业、防止疏忽、全检的结构化、工程中造就品质、无取放的流动生产、确立品质保证制度等。

4 动作浪费

多余的动作、不合适的动作增加员工作业强度，降低生产效率，因此也是一种浪费。

常见的12种浪费动作：两手空闲、单手空闲、作业动作停止、动作幅度过大、左右手交换、步行多、转身角度大、移动中变换动作、未掌握作业技巧、伸背动作、弯腰动作、重复动作及不必要动作等。

动作浪费的改善方向：运用动改法进行改进并标准化。设计不合理之处按动作经济原则改进，使其符合人体工效学。

5 加工浪费

加工精度每提高一个等级将增加数倍甚至数十倍的费用。过剩的加工造成浪费，因为付出了额外的成本，却造成了过剩的质量。

常见的加工浪费情形有加工余量过大、过高的精度、不必要的加工等，其造成的浪费：设备折旧、人工损失、辅助材料损失、能源消耗等。

加工浪费的改善方向：制定强度标准，明确操作要求；简化生产流程，增强作业员的浪费意识；改变工作台面布置、摆放方式；模具、夹治具改善及自动化，减少辅助材料使用；VA/VE活动的推进。

6 库存浪费

库存是一种等待状态，会造成额外成本。

企业内常见的库存形态：原材料、零部件、辅助材料库存、半成品、在制品库存、成品库存、在途品库存等。

库存将带来额外的搬运储存成本，造成空间浪费，占用资金，造成可能的投资回报损失，还有可能使物料价值衰减，造成呆料废料、先进先出作业困难，库存会掩盖诸多问题，造成假象，难怪专家大声疾呼"库存是万恶之源"。

库存浪费的改善方向：库存意识的改革；均衡化生产，看板管理的贯彻；生产计划安排考虑库存消化；加强物料管理、设置库存警示。

7 制造过多、制造过早浪费

制造过多、制造过早都会造成库存，违背"适品适时适量"的准时制生产（JIT）原则，可能造成的浪费：计划外消耗或提早消耗，变成滞留在库的风险，降低应对变化的能力等。

制造过多、制造过早浪费的改善方向：订单预测、计划信息传递过程中加强防呆设计；生产线平衡；制定单次传送量标准；提高制过多是浪费的意识。

由于各种浪费消耗了企业资源，降低了经营效率，反过来影响企业的订单履行，必将造成第八种浪费——缺货损失。缺货损失是企业最严重的损失，主要有：紧急订单造成的额外成本，延迟订单造成的额外成本，订单取消造成的利润损失，一次严重的缺货或多次发生缺货势必造成机会损失、客户流失最终导致市场机会损失——市场机会损失是巨大的，由于客户的相互影响，其损失难以衡量。

（三）假效率与真效率

除掌握增值和浪费的标准外，还需要学会区分假效率和真效率（图4-9）。

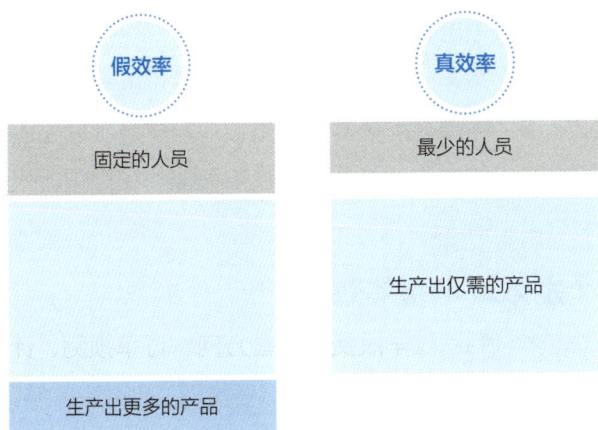

图4-9　假效率和真效率

1 假效率

所谓假效率，是指在相同资源投入的情况下产出能力得到提升，如同样是10个人，以前1天8小时能生产1000件产品，现在能生产1200件产品。

2 真效率

所谓真效率，是指根据市场需求，以最小的资源投入获得仅需的产出，如市场需求仅为1天1000件产品，以前10个人1天生产1000件产品，现在则用8个人1天生产1000件产品，这就是真效率。

假效率强调的是产出能力提升，真效率强调的是效益上的实现；效率是建立在有效需求的基础上的，有时产出能力提升会造成效率提升的假象，以"是否创造利润（或效益）"为标准，如果不创造效益甚至造成浪费，则这种效率是假效率。

显然，假效率（产出能力提升）是真效率的基础，即首先要提高产出能力，再根据市场需求减员增效，使产出能力的提高变成效益的实现，管理层的责任就是将假效率转化成真效率。

（四）个别效率与整体效率

除区分假效率和真效率外，还需要辨别个别效率和整体效率。

流线式生产是现代工业生产的主要特征之一，通过专业分工，将产品的生产过程分解成若干个工序并使之前后相连，前工序的输出成为后工序的输入，因此前后工序相互影响。

1 个别效率

所谓个别效率，是指以单个工序作为评价对象，通过个别改善实现本工序效率提升。

2 整体效率

所谓整体效率，是指以整个工艺流程作为评价对象，通过整体分析和局部改善实现整个工艺流程的效率提升。

专业化作业有利于提高个别效率，不少企业因此实行计件工资。

但是，效率改善的重点应该是关注整体效率，这对企业才有创造利润的实际意义。所以，有必要将奖励个别效率的企业行为转变为奖励整体效率，如：计件工资以完成品（而非半成品）为标准，实行团队计件；还应该以提高整体效率为目标，改善生产线的布局，例如将水平布置和离岛式布置调整为流线式布置，这样有利于团队协作。

正确地认识增值和浪费，区分假效率和真效率，辨别个别整体效率和整体效率，这样才能站在全局的高度，用宏观思维和系统眼光把握现状，将资源重点运用到对整体收益有贡献的关键问题改善上。

五

第十二板斧：
工序作业改善，作业组合与简化

生产线的生产能力是由其能力最低的工序决定的，工序之间能力差别越大即能力越不平衡，则生产线的效率损失越大。要提高生产线的整体效率，务必改善生产线的工序能力以达到平衡。

（一）线平衡分析

掌握了工序生产能力和生产效率的衡量方法，我们就能根据产品的生产工艺流程进行数字化的改善分析，以提升综合生产效率。

1 生产线的生产能力

一条生产线的生产能力是由其能力最低的工序决定的。例如，某生产线有A、B、C、D、E五个工序，其循环时间分别为20秒、18秒、29秒、25秒、19秒（表4-3），则该生产线循环时间为29秒，生产线的生产能力即为C工序的生产能力，假设该工序的有效运转率为83%，则该线单时生产能力为103件/小时。

表4-3　某工序循环时间一览表

工序名称	A	B	C	D	E
作业人数	1	1	1	1	1
循环时间	20	18	29	25	19

2　瓶颈工序

一条生产线中能力最低的工序即瓶颈工序。例如，表4-3的案例中，循环时间最长的工序是C工序，其生产能力最低，所以C工序是该生产线瓶颈工序。

3　线平衡损失

由于瓶颈工序的存在，前工序的生产能力超过瓶颈工序能力，造成前工序因工件积压而待工；相反，后工序的生产能力超过瓶颈工序能力，则会造成后工序因工件供应不及时而待料（图4-10）。

由于工序之间生产能力不平衡，造成待工和待料从而导致的工时损失（或能力损失），称之为线平衡损失。该部分工时损失占总工时的比率，称之为线平衡损失率。

例如，表4-3的案例中，由C工序造成每一个作业循环中的其他工序的工时损失分别为9秒、11秒、4秒、10秒（图4-11），合计损失34秒，损失率为：

平衡损失率= 34 ÷ （29×5）=23.45%

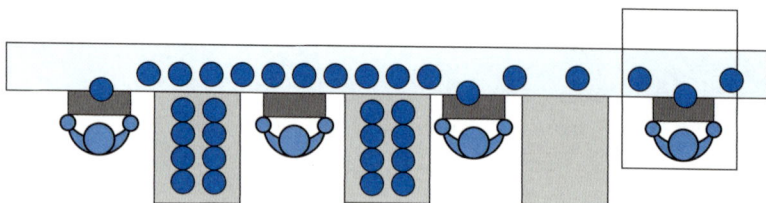

图4-10　瓶颈工序造成待工和待料

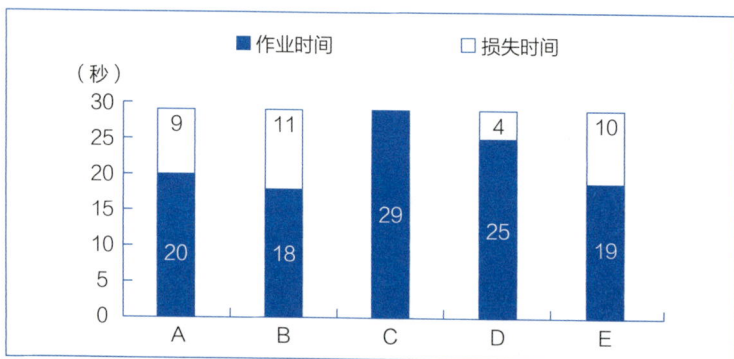

图4-11　生产线作业速度分布图

4 线平衡分析

　　对线平衡状况进行分析，可以发现瓶颈工序和线平衡损失状况，从而找到改善空间，推动效率改善，提高人员及设备的生产效率，减少产品的工时消耗同时减少在制品，降低库存，最终降低生产成本。

对生产线的全部工序进行负荷分析，通过调整工序间的负荷分配使之达到能力平衡，最终提高生产线的整体效率，这种改善工序间能力平衡的方法又称为瓶颈改善。

$$线平衡率 = \frac{各工序工时总和}{人数 \times 线循环时间} \times 100\%$$

在表4-3的案例中，线平衡率=（20+18+29+25+19）÷（5×29）=76.55%，线平衡损失率=1-线平衡率=23.45%

【一般来说，平衡损失率在5%～15%以内是可以接受的，否则就要进行改善】

线平衡分析的基本步骤是：

（1）确定分析对象的范围：对象生产线和对象工序。

（2）把握分析对象的现状。

（3）明确标准工时或观测各工序纯工时。

（4）制作工序作业速度分析图（棒形图）。

（5）计算生产线平衡率和平衡损失率。

（6）找到能力富余及不足的工序。

（7）研究分析结果，制订改进方案。

（二）线平衡改善

通过线平衡分析，发现瓶颈工序，制订并实施改善方案消除瓶颈工序，以提高生产线的整体效率，这个过程即线平衡改善。

线平衡改善有四大方法（图4-12）：分担转移、瓶颈改善、改善合并和重新分配。

1 分担转移

将瓶颈工序的部分作业内容转移到相邻工序或其他工时短的工序，由作业负荷小的工序来分担。

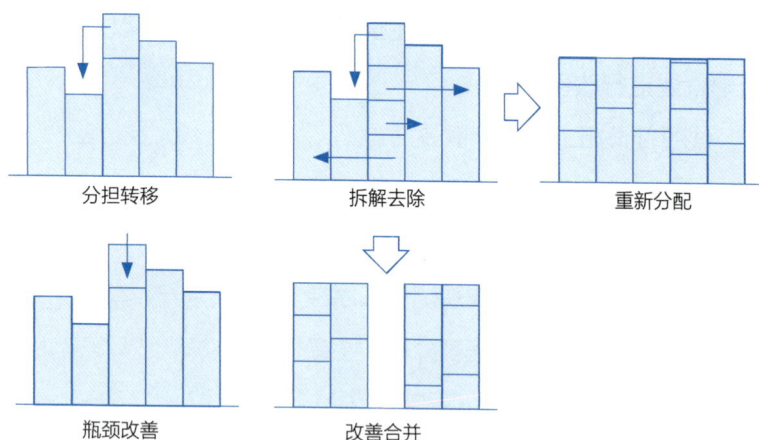

图4-12 线平衡改善的四大方法

2 瓶颈改善

对瓶颈工序进行作业改善，缩短循环时间，瓶颈工序作业改善的具体方法在本节第三部分详细阐述。

3 改善合并

将瓶颈工序的作业内容拆解，分别合并至其他工序，从而完全消除瓶颈工序。

4 重新分配

将瓶颈工序的作业内容拆解后，再将整条生产线的作业内容进行重新编排、分配，形成新的作业工序。

在线平衡改善的过程中，不但要重视工时长的瓶颈工序的改善，同时要注重工时短的工序的改善，将两者有效地结合起来，具体来说：

（1）消除工时最短的工序作业，将作业内容完全分担到其他工序。

（2）让工时短的工序分担瓶颈工序的工作量。

（3）将前后相连的工时短的工序同时考虑作业改进。

（4）对于两人以上作业的工序考虑能否减少人员配置。

（三）瓶颈改善

对瓶颈工序进行作业改善简称瓶颈改善，具休方法有六种（图4-13）：提高设备效率、改进工夹具、操作机械化、增加作业人员、提高作业技能和调整作业人员。

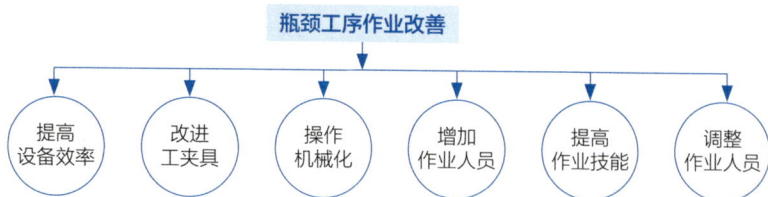

图4-13 瓶颈改善的六大方法

1 提高设备效率

通过加强设备的一级维护，进行必要的设备改造，提高设备的可动率，缩短设备加工循环时间，从而提高瓶颈工序的生产能力。

2 改进工夹具

通过改进工夹具，使之更适合员工进行工件装夹或加工作业，缩短人工辅助时间，从而提高瓶颈工序的生产能力。

3 操作机械化

设计适合的机械代替或局部代替人工作业，以缩短工序作业循环时间、提高工序能力。

4 增加作业人员

增加瓶颈工序的作业人员，缩短循环时间；或增加瓶颈工序工位，如由1个工位生产改为2个工位同时生产。

5 提高作业技能

通过加强岗位技能培训，提高员工岗位操作的熟练度，从而缩短工序作业循环时间。

6 调整作业人员

根据"适所适才"（适合的岗位适合的人员）的原则，根据工序作业的特点，对于不适合该岗位操作的员工进行调整，避免因个别员工不适合个别作业岗位而影响整体能力和整体效率。

案例6　加工线生产能力提升改善

现状：加工线主要加工连接线。2019年8月，该线出勤26天、月度生产能力为45.5万件，单日生产能力17500件；2019年10月起，该线月度生产计划递增至58万件，须提升其生产能力才能满足市场需求。

现状分析：

1. 加工线各岗位作业速度加工线作业速度

表4-4　加工线作业速度分布表

作业循环时间（秒）	2.26	2.4	2.46	3.58	2.35	2.28	2.49
	烧切	铆接	放线	绑线	烧线	标记	终检
工序名称	烧切	铆接	放线	绑线	烧线	标记	终检
作业方式	设备	设备	手工	设备+手工	手工	手工	手工
单日生产能力（台/件）	28000	26400	25800	17500	27000	27800	25400

2. 质量不良状况

加工线不良状况见表4-5，其分布如图4-14所示。

表4-5 加工线质量不良状况

生产数量	不良数量	不良率
581245件	4874件	0.8385%

统计时间段：2019年8月1日—20日

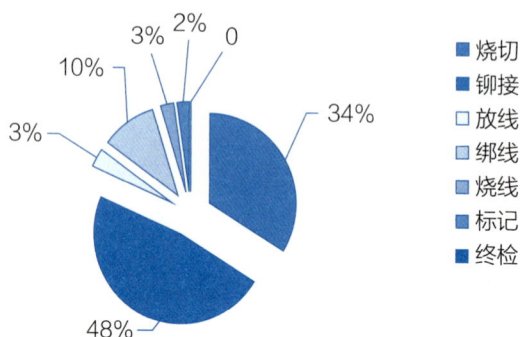

图4-14 加工线质量不良分布

3. 问题分析

（1）瓶颈工序：绑线。

（2）手工操作多，对生产制约大。

（3）不良控制流程不合理。

改善方法：

1. 瓶颈工序作业改善

（1）动作优化。对绑线工序进行动作分析，将取出成品、取出线头两个动作单元合并为一个动作单元（图4-15），使作业单元由8个减少为7个，作业循环时间缩短0.3秒/台，为3.55秒。

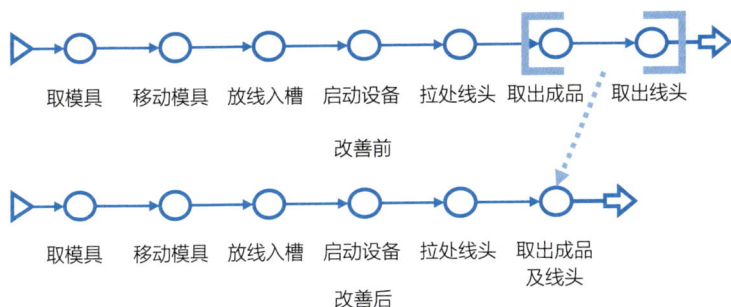

图4-15 对绑线的瓶颈工序进行作业改善

（2）设备改进。与1号绑线机相比，2号绑线机作业效率偏低。调查发现：2号机轴轮、皮带与1号机不同，直接影响其作业效率，将2号机轴轮、皮带与1号机统一（图4-16），2号机循环时间由6.84秒缩短为5.62秒，提高了2号机作业效率。

改善效果：

（1）绑线机日生产能力由17500件/日提高到20500件/日。

（2）烧线作业改善，减小手工作业的劳动强度。

改善前：烧线作业的酒精灯放置在作业台上，双手在作业台面上端15cm高度进行作业，双手无支撑、作业强度大（图4-17）。

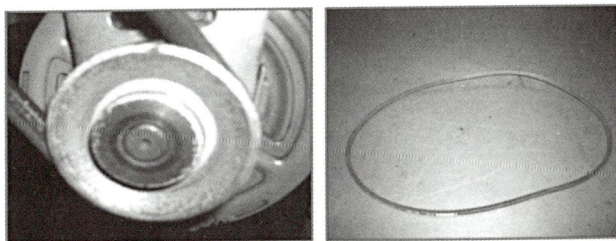

轴轮外径由1480mm改为1420mm   皮带外径由50mm改为65mm

图4-16　2号绑线机的改进

改善方法：将作业台挖空，将酒精灯放置在孔下放、肘关节支撑在桌面上、双手在桌面高度进行作业（图4-17），降低员工作业强度。

改善效果2：烧线工序单个工位的单日生产能力提升450件。

改善前：酒精灯置于台面、双手空中作业

改善后：酒精灯置于台面下、双手在桌面作业

图4-17　烧线工序作业改善

六

第十三板斧：
标准化作业，去除不必要检查

　　客户需求的变化越来越快，一线员工流动率越来越高，随着人工成本的升高，动态用工和结构性用工又成为必然，在这样的市场环境和社会环境中，要保持高质量、低成本和快速应变的竞争优势，标准化作业管理至关重要。

（一）工艺条件标准化

　　工序加工的目的是改变物料的形状、尺寸、性质和状态并最终实现产品的功能，所以，工序加工的过程实际上是一种功能转变过程，通过输入直接材料、辅助材料和工艺条件等作业要素，通过工序加工获得质量特性、生产数量的输出结果（图4-18）。

　　工艺条件是工序加工的重要输入要素之一，合理的工艺条件对输出结果至关重要。

图4-18 工序加工原理图

1 不断细化工艺条件

根据产品系列、产品型号、材料特点，以及长期生产的实践经验，不断对工艺条件进行细化管理，使其更有针对性。

案例7 钎焊条件优化

现状：自动钎焊工序涉及流量、时间、压力和焊丝供给速度共4大类13项工艺条件，由于缺乏生产经验，生产时以一种工艺条件对应所有系列和所有型号的生产（表4-6），结果是：质量不良率高且极不稳定，不同系列、型号产品的质量水平差别很大，质量失败成本高，严重影响生产效率。

改善方法：总结生产经验，根据不同系列、型号的产品特点设置不同的工艺条件。

（1）通过有计划的生产试验，对现有工艺条件进行优化，确定针对U、V系列的更适合的工艺条件。

（2）再根据U、V系列中的外径进行分类，利用批量生产的机会，针对不同外径的产品型号对个别工艺条件进行微调试验，从而确定出个性化的优化条件。

（3）在此基础上，制定出更细化、优化的钎焊工艺条件（表4-7），对员工进行全面培训。

表4-6 现有钎焊条件

项目	流量（升/分）				时间（秒）					压力（兆帕）			焊丝供给速度
	预热		加热		预热时间	加热时间	等待焊丝时间	供给焊丝时间	循环时间	O₂	LPG	N₂	
系列	O₂	LPG	O₂	LPG									
全系列	18~22	12.4~14.5	16~20	6.5~7.5	5.2	5.1	2.3	2.2	6.5	0.3	0.05	0.05	25

表4-7 优化后钎焊条件

项目	外径（毫米）	流量（升/分）				时间（秒）					压力（兆帕）			焊丝供给速度
		预热		加热		预热时间	加热时间	等待焊丝时间	供给焊丝时间	循环时间	O₂	LPG	N₂	
系列		O₂	LPG	O₂	LPG									
U	2.90	20~24	12.4~14.5	16~20	6.5~7.5	5.2	5.1	2.3	2.2	6.5	0.3	0.05	0.05	25
						具体型号：U123A、U125B、U170、U212C、U256A、U256B、U256C								
	3.60	20~24	12.4~14.5	16~20	6.5~7.5	5.2	5.1	2.3	2.2	6.5	0.3	0.05	0.05	40
						具体型号：U323A、U325A、U370C、U381、U288								
V	6.50	30~34	12.4~14.5	18~32	7~10.5	5.2	5.1	2.3	2.2	6.5	0.3	0.05	0.05	40
						具体型号：V620A、V620B、V620C、V658、V677、V680								
	7.10	30~34	12.4~14.5	18~32	7~10.5	5.3	5.2	0.1	2.4	6.8	0.3	0.05	0.05	45
						具体型号：V700A、V710B、V725、V760								
	12.20	30~34	12.4~14.5	18~32	7~10.5	6.4	6.3	0.1	2.5	7.8	0.3	0.05	0.05	55
						具体型号：VA33、VA34、VA45、VA50、VA60								

（4）要求员工在作业时严格遵守上述条件，及时观察并报告变化，在对应变化的过程中不断完善，优化上述条件并标准化。

改善效果：通过设定个性化的工艺条件并不断优化，收到了明显的改善效果：

（1）质量不良率大幅度下降。

（2）同一型号产品的不良率趋于稳定，不同系列之间的质量不良率逐步趋近。

（3）质量损失大幅度降低。

（4）保障了生产顺利进行，提高了生产效率。

（5）员工遵守作业标准，观察变化点的意识得到加强。

应该强调的是，在所有的工艺条件当中，有一部分是通用性的、无须调整的条件，而另一部分则是需要根据产品或材料特点进行针对性设定的条件。

2 不断优化工艺条件

在细化管理的基础上，根据工艺原理，有计划地进行试验，或利用批量生产的机会进行微调试验，确定出更适合的工艺条件。

在现场质量管理的过程中，不但要充分利用每一次质量事故带来的改进机会，不断细化、优化工艺条件，而且要主动对工序作业中的慢性不良（指频繁发生、一直都得不到好的解决的不良问题）、三大不良进行长期的质量改善，不断将工艺条件做细、做精。

（二）作业方法标准化

作业方法是工序加工的重要组成部分，作业方法标准化是作业标准化的重要内容。

1 操作规范化

操作方法是否科学、合理、规范直接影响到工时消耗、质量水平、材料消耗甚至影响到生产安全。所以，根据工艺特点和工序状况，规范和统一作业方法非常重要。

把"一线"的好经验、好方法梳理出来，系统整理成标准化文件，固化到作业体系当中，这是作业标准化的一种有效方法，它有利于经验共享，减少经验流失和对个别员工的过度依赖。

2 作业动作规范化

作业动作是作业方法标准化的另一重点。同样地，作业动作是否科学、合理、规范直接影响到作业质量、作业效率和作业安全。

案例8 洗手动作标准化

某食品工厂为了保证食品安全，对洗手动作进行规范，要求员工按照下述步骤和方法洗手（图4-19）：

（1）将手淋湿后取适量洗手液均匀涂布在双手上

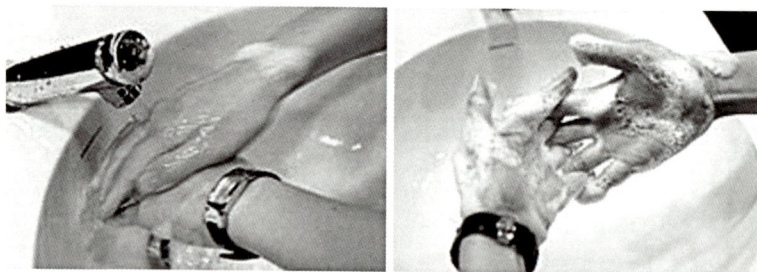

图4-19　洗手规范示意图

（2）手心对搓　　　　　　　　10秒

（3）手心相对、手指交叉对搓　10秒

（4）手心搓手背　　　　　　　各10秒

（5）手心贴手背、手指交叉对搓　各10秒

（6）指尖与手心对搓　　　　　各10秒

（7）球状对搓　　　　　　　　10秒

（8）将双手置于电烘干器下烘干。

根据专业研究，按照上述方法洗手，能确保清除手上95%以上的细菌，从而保证食品安全。

通过动作分析并遵循动作经济原则不断优化作业动作，使作业动作科学、合理、规范，最大限度地减小员工的劳动负荷，使员工做得更快、更好、更舒适、更轻松、更有效，这是作业动作规范化的重要价值。

在推进作业方法标准化的过程中，还需要注意以下几个要点：

（1）错误的做法也应该系统整理并通过图示表达出来，防止出错也是确保正确的重要方法。

（2）最终要通过标准化评审，由各相关部门审定工艺标准化文件，确保不出现失误。

（3）要将标准化文件配置到现场，使员工容易看见、容易学习、容易执行，方便工艺和质检人员进行监督。

（4）充分利用目视管理在生产现场进行展示和宣传，营造遵守规范、积极改善的工作氛围。

（三）机型切换标准化

机型切换是工序作业转换的必要条件。机型切换正确、快速、高效，才能确保订单生产正确、质量合格，所以，机型切换也应该标准化，其内容包括：

（1）切换工具、材料标准化。

（2）切换步骤、内容、方法标准化。

（3）切换分工标准化。

（四）标准化作业

员工严格按照作业标准化确定的要求实施工序作业、进行作业检查并记录，同时敏锐观察并及时报告变化。

为了使员工自主、自觉地实施标准化作业，班组长、骨干及相关职能部门要对员工进行必要的培训、指导和监督。

（七）

第十四板斧：
库存可视化，消除账实差异

高效的生产组织，就是能做到第一时间正常生产。但往往当以为所有准备工作都齐备正准备生产却发现物料不齐，又停下生产去找料、催料，甚至重新紧急采购，这样的现象在制造业中比比皆是，严重影响了生产效率。

我们把常见的物料影响的现象总结为以下几类：

1 系统有数，实物没有，账实不符。

2 系统有数，实物有数，数量不够。

3 系统有数，实物也够，数量准确，但是质量不良不能用。

4 现场实物有数，系统没有账。

5 同一物料两个不同料号。

以上的问题都会导致生产不能顺利进行，高效生产组织的宗旨就是顺利生产，大多数公司都有PMC部门，其中的MC就是负责物料需求运算和物料调达管理，但是如果因为BOM表错误、仓库数据不符，MRP（物资需求计划，Material Requirement Planning）运算的结果就会偏差，导致物料不齐无法正常生产。

（一）对库存进行可视化管理

库存可视化管理的范围：库存总量管理、库存分布管理、库存目的管理、滞留库存管理和移动库存管理，主要的目的就是及时掌握库存状态，准确了解库存管理。

一直以来，库存管理都是影响企业盈利能力的重要因素之一。管理不当可能导致大量的库存积压，占用现金流，半成品库存的缺失会导致生产计划延后，成品库存的缺失会导致销售订单的延误等问题。当我们撇开单纯软件对库存管理的优化以及个人高超的管理能力时，企业长期积累的数据能给我们带来什么价值？企业要如何开展对库存管理的可视化分析？

（二）可视化管理的好处

1 改善客户服务

2 错误和退货最小化

3 加快库存流动

4 促进现金流动

5 预见性反应

（三）物料问题的解决方案

1 怎样解决物料混乱——仓库和生产现场5S⊖

2 怎样防止送错、用错物料——严格确认

3 怎样处理呆料废料——及时清理

4 怎样解决仓位不足——合理规划、定期清理

5 如何挑战零库存——线平衡改善、合理计划

> 案例9　库存可视化系统导入

　　某电子工厂一直因库存数据偏差太大而苦恼，各部门间一天天矛盾不减，天天都在忙于救火应急，大大降低了工作效率、增加了额外成本，为此，经过多方考量，工厂决定导入库存可视化的管理。

（四）可视化仓库系统的设计

　　面对繁多的出入库流程和信息，以及仓库错综复杂的货区和货物的码放，如何提高仓库存储效率、提高仓库操作人员工作效率，成为管理者所面对的重要问题之一。运用可视化管理系统，有助于提高仓库的存储和作业效率，达到高效物流系统的要求。

⊖ 5S 现场管理法，5S 即整理（SEIRI）、整顿（SEITON）、清扫（SEISO）、清洁（SEIKETSU）、素养（SHITSUKE）。

1 系统设计目标

可视化库存信息系统的设计目标通常是：实现库存信息可视化、库存货物及其状态的可视化跟踪、可视化查询结果的输出、自动生成库存操作单据，为管理者提供多方位、直观的统计信息。

2 主要功能模块

（1）数据管理。对整套可视化系统数据进行安全加密、维护、备份及灾难性恢复等功能，为用户提供安全可靠的数据存储。

（2）标准化管理。统一进行标准化代码管理，包括物品代码、货位代码和人员代码。

物品代码：严格按照有关规定标准进行物品定义和维护，使用时根据实际情况在该标准的基础上进行细化与补充。整个系统应用统一的物品代码，并具有物品代码增加、修改、查询、删除等功能。

货位代码：根据实际情况进行货位代码定义和维护，并具有代码增加、修改、查询、删除功能。

人员代码：提供建立不同岗位人员的简明人事档案功能。为每个人员设置不同的代码，并根据岗位或职务设置不同的使用功能权限。

（3）模型管理。提供各种库房、物资及附属设施设备等的模型及相关数据、信息，让使用者能够清晰直观地了解到库房内所有设施设备的基本情况与库房内部情况。

（4）日常业务管理。对物资出入库和存储阶段进行优化管理，如自动查找满足作业要求的物资，直观显示其所在位置，提供较为合理的出入库建议，自动生成作业单据，提高物资的流转效率。

3 具体的子模块

（1）入库作业与优化：根据不同的管理策略、货物属性、数量以及现有库存情况，自动设定货物堆码位置、顺序建议，从而有效地利用现有仓库容量，提高作业效率。

（2）在库管理：在库管理主要是指物品在库期间的日常管理、清查盘点、保管养护、存储时间检查，以及为了便于管理物品和更有效利用仓库容量而进行的并库、移库操作。

（3）出库作业与优化：根据不同的管理策略、货物属性和数量以及现有库存情况，自动确定货物位置、货物拣选顺序建议。支持紧急拣选，对超过一定时间的产品进行优先拣选。通过盘点管理来提供实盘数量与账面数量对比调整功能。

（五）经营可视化，搭建敏捷产销平台

随着管理的升级和互联网技术提升，越来越多的企业除了库存可视化管理外，已经往经营可视化延伸，实现从前端信息到制造端全线联动（图4-20）。

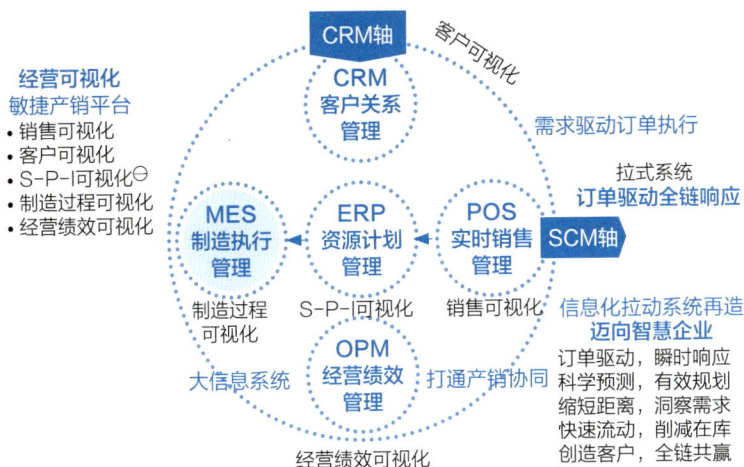

图4-20　经营可视化管理全貌

从图4-20中我们可以看出，现代的企业管理要把思路聚焦在经营可视化，就是要借构建敏捷供应链的信息平台经营，可是怎么做呢？

首先，要实现企业订单驱动、全面响应，所以企业要重视供应链驱动，实现全供应链实时响应，一定要有POS系统实施销售管理，在此基础上拉动ERP的资源计划管理，再往前方拉动制造、MES制造执行管理，全部打通。

其次，在这个基础上获取的客户要进行有效的客户关系管理。客户关系管理是指我们跟客户要有常态化的互动，无论是否有需求、是否成交，我们都要管理。良好的客户关系管理，一方

⊖　S-P-I：S：Sales 销售、P：Production 生产、I：Inventory 库存，S-P-I 指的是销售、生产和库存的管理逻辑。

面会增加销售；另一方面，可以知道他们的关注点。

最后，根据对市场的理解进行IPD的集成化产品开发，即由拉式生产订单全面响应到客户可视化、销售可视化和制造过程可视化，再拓展到客户开发可视化和产品开发可视化。

发现有需求的时候，如果我们的产品开发太慢或者是价格高了，我们就可以立即采取紧急的措施来强化，所以要实现客户可视化和产品开发可视化。

另外，从业务的角度把所有的管理项目集成到最高的层面，就是公司的经营绩效可视化。比如说我们现在知道有多少应收款，有多少库存，有多少有效库存、呆滞库存浪费等。我们知道不同级别的经销点，其销售业绩的情况，知道B端客户是在增加还是在减少，C端客户是在增加还是在减少。我们知道平均客单价是多少，销售连带率是多少。如果这些数据我们都知道，经过授权查阅我们就可以在不同层面、不同点上面做出有效的决策，这个就叫经营可视化，所以我们需要一个大信息系统来打通整个供应链，围绕信息化拉动整个系统再造，聚焦订单驱动、瞬时响应、科学预测、有效规划。

由库存可视化到经营可视化，通过全流程掌控过程信息，实现前置管理、瞬时响应、减少损失、降低成本。

第五章

源头作战：
砍削采购成本七板斧

砍削采购成本七板斧，肯定是和供应商有直接关系。比如一些日企，每一年都会让供应商自动降低5%的费用，有的企业每一年也会在采购费用上比上一年度降3%~5%，因此，指导和得到供应商的改善支持，是决定采购降成本是否成功的关键，因为利润的源泉在供应商。

什么是合格的供应商？合格的供应商有两个定义：

1 优秀的共同制造商。

2 重要的合作伙伴。

因此，我们与供应商是实现共同生存、共同发展的，在相互信赖的基础上，通过相互的钻研和合作，实现共同生存、共同发展。我们和供应商间的关系要遵循以下两点：

1 推行自主责任经营

不要依赖对方，而是通过不断的努力，发挥特长，推行自主责任经营。

2 明确供应商选定的基准

特别对于可能成为战略伙伴的供应商，要通过高层对话了解该公司的经营力、技术力、制造力、品质力、价格力、服务力等，共享事业价值观是非常重要的。

第十五板斧:
供应商QCDS评价、实施和整改

供应商评价是指利用指标评价体系,对供应商供货质量的服务水平、供赁价格、准时性、信用度等进行评价,为供应商的选择和管理奠定基础。

(一)供应商评价维度

一般对供应商主要评价QCDS四个维度。

1 Q: 质量(Quality)

设定来料质量标准,比如来料合格率、批次合格率、损失成本等定量指标。在新年度签订采购协议时,和供应商明确约定质量目标,公司IQC(来料质量控制,Incoming Quality Control)严格按照质量标准对来料检查。

2 C: 成本（Cost）

采购成本即询价时确定的采购价格，既可以根据不同的批量设置不同阶梯的价格标准，也可以在每年对供应商提出的降价标准达成一致后按新的价格采购管理。

3 D: 交期（Delivery）

根据不同的物料和部品，设定不同的采购周期，供应商需要按规定的采购周期交付。

4 S: 服务（Service）

评价供应商对平时工作的支持和协助，比如说现在来料有质量异常，供应商是否快速响应、快速处理；客户有新样品需要打样时，供应商是否快速支持打样；报价等直接订单外的工作支持，也是衡量双方合作是否愉快和长久的基础。

（二）供应商评价内容

对供应商进行评价的基础是确定评价的内容、方法、地位和作用，基于供应商在企业供应链中的地位和作用，可以从以下几方面对此问题加以考虑。

1 供应商是否遵守公司制定的供应商行为准则

供应商行为准则是企业对供应商最基本的行为约束，也是双方保持合作关系的基本保障，这是进行供应商评价的首要内容。

2 供应商是否具备基本的职业道德

这主要表现在以下几个方面：

（1）是否遵守企业规定的保密协议。

（2）是否通过不正当手段获得采购人员的信任。

（3）是否通过不正当手段邀请采购人员参与娱乐活动。

（4）是否串联相关其他企业哄抬物料价格。

（5）提供物料是否以次充好，能否达到合同约定的品质。

（6）是否让采购人员持有供应企业股份，以达到对其进行贿赂的目的。

3 供应商是否具备良好的售后服务意识

采购物料在装配使用和运输过程中，可能因为质量问题或使用方式不当等原因而导致损坏。在发生这种情况时，供应商应及时修理，提供相关的售后服务支持，而不应借故拖延，或者让采购企业蒙受损失。

4 供应商是否具备良好的质量改进意识和开拓创新意识

随着市场竞争的加剧，企业的技术创新、产品创新层出不穷。尤其是在高新技术企业中，产品更新换代的速度已以日计。企业的创新意识离不开供应商的支持，以及原材料品质和技术的进步，有时供应商的创新甚至是推动企业创新的原动力之一，它为企业提供了更大的利润空间。

5 供应商是否具备良好的运作流程、规范的企业行为准则和现代化企业管理制度

管理混乱、行为准则不健全的供应商很难在激烈的竞争中维持生存和发展，因为这些问题的存在不利于和采购方建立长期稳定的合作关系。

6 供应商是否具有良好的沟通和协调能力

企业之间的合作要建立在双方良好的沟通和协调之上。在生产和管理中，企业可能因为多种原因需要得到供应商的配合和帮助，如计算机制造企业和汽车制造企业，因为其技术具有专用性，因此需要在专业人员的操作指导下进行组装生产。

7 供应商是否具有良好的企业风险意识和风险管理能力

有些物料未来的市场需求很难确定，可能有大量需求，也可

能仅具有研发阶段的供应。具有良好风险管理能力的供应商有能力在不确定的市场环境中，以合适的价格提供企业所需要的物料和产品，保证企业生产活动的正常进行。

8 供应商是否具有在规定的交货期内提供符合采购企业要求物料的能力

这是企业评价供应商的最低标准。无论是具有长期合作关系的供应商还是短期的供货合同，这一点都是至关重要的。

对供应商进行评价的内容涉及许多方面，不同企业对此有各自的具体要求和期望。对于大型企业尤其是跨国集团来讲，供应商选择的成功与否关系到企业整个系统的正常运作，因此他们对供应商进行评价时有更多、更严格的标准和更广泛的内容。而中小企业对供应商的要求则相对较为宽松。另外，就评价内容而言，有些方面可以量化，有些则只能从长期的运作中观察得到。许多企业根据自身规模和运作方式，结合实际情况形成了对供应商进行考评的指标体系。

（三）供应商评价的主要指标

1 产品质量

产品质量是最重要的因素，在开始运作的一段时间内，主要加强对产品质量的检查。检查可分为两种：一种是全检，一种是抽检。全检工作量太大，一般采用抽检的方法。质量的好坏可以

用质量合格率来描述。如果在一次交货中一共抽检了n件，其中有m件是合格的，则质量合格率为p。其公式为

$$P = \frac{m}{n} \times 100\%$$

显然，质量合格率越高越好。有些情况下，企业采取对不合格产品退货的措施，这时质量合格率也可以用退货率来描述。所谓退货率，是指退货量占采购进货量的比率。如果采购进货n次（或件、个），其中退货r次（或件、个），则退货率可以用以下公式表示，即

$$退货率 = \frac{r}{n} \times 100\%$$

2 交货期

交货期也是一个很重要的考核指标。考查交货期主要是考查供应商的准时交货率。准时交货率可以用准时交货的次数与总交货次数之比来衡量。其公式为

$$交货准时率 = \frac{准时交货的次数}{总交货次数} \times 100\%$$

3 交货量

考查交货量主要是考核按时交货量。按时交货量可以用按时交货量率来评价，按时交货量率是指给定交货期内的实际交货量

与期内应完成交货量的比率。

其公式为

$$按时交货量率 = \frac{期内实际完成交货量}{期内应完成交货量} \times 100\%$$

4 工作质量

考核工作质量，可以用交货差错率和交货破损率来描述，分别为

$$交货差错率 = \frac{期内交货差错量}{期内交货总量} \times 100\%$$

$$交货破损率 = \frac{期内交货破损量}{期内交货总量} \times 100\%$$

5 价格

价格是指供货的价格水平。考核供应商的价格水平，可以将它与市场同档次产品的平均价和最低价进行比较。分别用市场平均价格比率和市场最低价格比率来表示。其公式为

$$平均价格比率 = \frac{供应商的供货价格 - 市场平均价}{市场平均价} \times 100\%$$

$$最低价格比率 = \frac{供应商的供货价格 - 市场最低价}{市场最低价} \times 100\%$$

6 进货费用水平

供应商的进货费用水平可以用进货费用节约率来考核。其公式为

$$进货费用节约率 = \frac{本期进货费用 - 上期进货费用}{上期进货费用} \times 100\%$$

7 信用度

信用度主要考核供应商履行承诺、以诚待人、不故意拖账、欠账的程度。

8 配合度

在和供应商相处的过程中，常常因为环境或具体情况的变化，需要调整变更工作任务，这种变更可能导致供应商工作的变更，甚至导致供应商要做出一点牺牲。

这一点可以考察供应商在这些方面配合的程度。考核供应商的配合度，主要靠主观评分来考核。主要找与供应商相处的人员，让他们根据这个方面的体验为供应商评分。特别典型的，可能会有上报的情况。这时可以把上报或投诉的情况也作为评分依据之一。

（四）供应商月度评价

月度评级分为A、B、C、D四级，分数分别为90—100，80—90，70—80，0—70。

如果月度考核综合分数在A级和B级，不予改善处理。评价在C级或D级，如果是两家以上供货，则降低供货比率，限期整改，重新评审合格后恢复原来标准；连续两个月以上评价为C或D，则取消供货资格。

如果是独家供货，连续两个月及以上评为C或D：暂停供货资格，罚款2000元以上，限期整改、重新评审合格后再定。

供应商整改方法见表5-1，其业务量重新分配标准见表5-2。

表5-1 供应商月度评价

类别	A	B	C	D
两家以上供货	—	—	降低供货比率，限期整改、重新评审	暂停供货资格，限期整改、重新评审
	—	—	连续两个月及以上C或D：取消供货资格	
独家供货	—	—	限期整改	
	—	—	连续两个月及以上C或D：暂停供货资格，罚款2000元以上，限期整改、重新评审	

表5-2　供应商月度业务量重新分配标准

供应商数量	排名	1	2	3	4
2	订货比率	70%	30%	—	—
	月度评价调整	+10%	-10%		
3	订货比率	50%	30%	20%	
	月度评价调整	+15%	-5%	-10%	—
4	订货比率	40%	30%	15%	15%
	月度评价调整	+15%	不变	-5%	-10%

第十六板斧:
战略供应商QCDS年项目改善

战略供应商(Strategic Suppliers)是指公司战略发展所必需的少数几家供应商,是企业从中长期发展的角度能够共享价值观和企业战略的最重要供应商。

战略供应商的业绩对企业的影响越来越大,它在交货、产品质量、提前期、库存水平、产品设计等方面都影响着企业的成功与否。传统的供应关系已不再适应全球竞争加剧的环境,随着产品需求日新月异的环境,企业为了实现低成本、高质量、柔性生产、快速反应,其业务流程的重构就必须包括战略供应商的评价选择。

1 与供应商共赢的价值工程项目推进

每年度,采购部门要与战略供应商共同推进QCDS的价值工程改善项目,共同解决供应链中的质量、交期、成本和技术支持等课题。

企业与供应链各方,应该是长期的稳定供应共赢关系,这就需要双方共同推进重大课题，因为往往QCDS的核心指标的问题并不一定是单方面原因造成的，只有双方共同推进，共同认知问题的本质，找到对策才能彻底解决问题。同时，针对QCDS，双方一起努力，既降低了采购价格，又保证了供应商的利润目标，实现共赢。

2 供应商应有的能力

（1）能够按照客户提出的规格开发部品的能力。

（2）改善客户规格的能力。

（3）能够按收到的图纸，自己提案，开发工艺，降低原价的能力。

（4）确保品质，准时交货的能力。

所以，这就要求供应商要具备改善能力、降成本能力和提案能力。

案例1 供应商品质改善计划

某汽车企业，年度供应商评价分析中发现品质问题严重，需要在新年度开展品质改善活动。

目前，存在的供应商质量问题的原因有：

1. 产品开发阶段，没有严格按照公司的流程进行操作

（1）目前，K8、K9项目几乎所有的总成/零部件都没有进行样件试装、OTS认可及PPAP认可，供应商供货状态一直不明确。

如K9装车后发现前置空调制冷量不够，驾驶区空间大约为7m^2，

对前置空调的功率需求为4~5kV，但实际上采购回来的车载空调其功率为3kV。该车载空调没有经过样件试装、OTS认可及PPAP认可，而是直接装车，导致问题直接暴露在产线上，差点影响车辆交付客户。

（2）变更管理失控

特别是K8项目，对总成/零部件有较多的变更，但这些变更没有经过评审，没有经过会签确认，没有与供方进行变更技术沟通，没有对变更后的样件进行试装、OTS认可及PPAP认可，导致双方技术状态不一致。

（3）供应商准入管理失控

在导入供应商前，未按照公司对于供应商的准入要求对供应商的品质能力、制程能力、产能、应急能力、服务等进行考核。特别是K8、K9项目早期，供应商准入门槛低，导致供应商良莠不齐。

2. 物流、搬运造成产品质量问题

（1）目前，大多数供应商采取物流运输的方式送货，考虑到采购量及价格，供应商往往选用一些价格低廉的物流，如此，势必导致产品在物流过程中管理失控，造成产品受挤压、碰撞等外观质量问题。

（2）考虑到目前的物流现状，对于包装应有特别的规定。然而，我们对于供应商的产品包装没有要求。（改善包装，势必增加成本）

3. 供应商制程管控偶然失控，导致偶尔出现质量问题

如浙江供应商A，供货产品质量一直较为稳定，服务态度好，配合度高。但IQC于5月份反馈快放阀接口处内有毛刺，经反馈供应商改善，该问题得到解决。7月份IQC反馈继动阀接口处内有毛

刺，同样的问题第二次出现。经了解，毛刺是由于模具带出，无法避免。

改善及计划：

①严格按照产品开发流程操作，包括样件试装、OTS认可、PPAP认可、变更管理、供应商准入。建议建立车型项目管理，监控产品开发阶段所有过程。（或由体系负责监控流程的执行）

②如果由于物流及搬运过程造成产品外观损伤，建议改善产品包装。供应商考虑到成本，对于包装不会特别在意，基本上都采用较为一般的包装。建议针对各产品规范包装，供应商需按照包装要求进行供货。

③经过产品开发阶段，验证供应商有能力满足公司的批量生产需求，进入批量稳定供货阶段。对于这一阶段，由于供应商暂时的制程管理失控导致的质量问题，才是工作重点。这一点才真正涉及供应商品质提升、持续改善。为此采取以下措施：

（1）绩效考核

供应商绩效考核由采购、品质、技术、售后共同评分，反映的是供应商综合评分，虽然某些供应商频繁出现来料异常，但可能由于供应商在其他模块如交期、服务等表现较好，因此综合分数并不会很低。目前绩效考核制度按照汽车产业群采购处管理机制实施，对于第十二事业部，可能存在不合理或监控不到的地方，后续将对供应商绩效考核制度进行改善，增加质量限制分，只要质量模块得分低于80%，不管综合得分有多高，一律为不合格。

（2）供应商审核

为确保供应商能够持续满足公司对于品质能力、产能、制程能力、降成本能力等要求，建议对供应商进行日常审核及监控。

（3）资源储备

建议每种产品至少储备2～3家能够正常供货的供应商，以防止单一资源出现品质异常、产能异常或交期异常时影响公司正常生产。

（4）供应商关系维护

必要时，建议对供应商进行相关培训，让供应商能够随着公司的发展而发展，与供应商时刻保持良好交流。举行年度供应商大会，让供应商了解公司的发展战略，提高与公司合作的积极性。

（5）重大异常处理

对于重大品质异常，若有必要，进行现场辅导及监督。

表5-3 某工厂供应商品质改善推进计划

项目	目标	改善措施	工具	责任部门/人员	计划实施日期	跟进频率
短期规划	提升供应商现场质量控制水平和质量意识	要求供应商提升QC检验水平、生产操作人员专业技能、补充岗缺人员、规范检验流程	电话沟通、现场指导	质管部/QE工程师	2019.2.15	每月
短期规划	样品制作流程标准化	做好样品验证和确认工作，跟进样品质量问题，妥善保管好样品以便追溯	现场培训、指导	工艺部/工艺员	2019.2.15	每月
短期规划	规范来料检验工作	1. 补充进货检验人员、检测器具或设备。 2. 开展检验人员技能培训。 3. 完善适用的进货检验规范。 4. 对特殊处理的产品（如铸造、热处理、焊接等）要求供应商按批次提供试样或材料分析报告。 5. 针对供方现场质量难以保证的，与供应商签订质量保证协议	电话、邮件沟通	质管部/检验主管	2019.2.15	每日

项目	目标	改善措施	工具	责任部门/人员	计划实施日期	跟进频率
短期规划	建立健全供应商质量档案、收集质量信息并有针对性地改进	1. 收集统计分析供应商月度来料批次合格率和突出问题，为供应商质量改进提供数据来源	排列图、雷达图	质管部/信息管理员	2019.2.15	每月
		2. 收集汇总客诉供应商质量问题，为供应商质量改进提供信息支撑	排列图、雷达图	质管部/信息管理员	2019.2.15	每月
		3. 针对质量状况调整来料抽检比例，制订来料检验计划	数据分析结果	质管部/部长	2019.2.15	每月
		4. 及时将质量问题反馈给供应商，要求供应商提交8D⊖改进报告。针对突出问题邀请供应商进行质量约谈，制定有效改进方案	电话、邮件、会议	物资采购部/质管部	2019.2.15	每月
		5. 对改进方案进行跟踪、验证，以确保改善有效性	电话、履历跟进、邮件	质管部	2019.2.15	每日
		6. 针对跟催无效的进行罚款机制强制推进	经济方式	质管部	2019.2.15	每日
中期规划	外购件合格率≥99%	对供应商批次质量进行跟踪评比	依据质量报表	质管部	即日起	每季度
	外协加工件合格率≥95%	对品质落后（末三位）的供应商采取替补方案	依据质量报表	采购管理部	即日起	每季度
	供应商质量索赔率≥93%	根据质保协议和质量奖惩办法对供应商进行考核	经济方式	质管部	即日起	每月
长期规划	现场品质管理通过审核70分以上	根据改善情况对供应商进行现场审核，从品质控制入手达到全部提升	现场审核	供应商评定小组成员	2019.3.1	按监查计划
	协助品质提升并提供改善建议	与供应商共享技术和资源，加强供应商的联系和沟通，鼓动供应商参与品质问题改善并提供改善建议推动品质提升，对改进成果给予肯定和鼓励	品质异常案例	QE工程师	2019.3.1	每日

⊖ 8D 问题解决法。

第十七板斧：
"开发3家·采购2家"竞争机制

1 多家采购管理

在企业管理中会开发多家供应商备用，实施多家采购（Multiple purchase），即流通企业所需用的某种商品，不是只向一个供应商采购，而是向两个以上的供应商采购。其目的如下：

（1）为选择对本企业更有利的供应商做准备。可以对两家以上的供应商的供货情况进行比较，从而选择对本企业更有利的供应商。

（2）保障生产经营正常进行。当某一家供应商发生供货故障时，还可以从另外几家供应商处进货，保证本企业生产经营的正常进行。

（3）通过导入"开发3家·采购2家"机制，选择最适合的供应商，实现最实惠价格的采购。

（4）通过和多家供应商交涉，有效推进降成本工作，提高实现降本目标的可通性。

2 独家采购和多家采购的不同优势和风险

独家采购和多家采购各有优缺点，对它们的选择要循环往复地进行。开始可选择多家采购，经过一段时间的实际供货后，对这几家供应商的供货情况进行比较分析，从中选择一家相对最佳的供应商，由这一家供应商供货，即由多家采购转为独家采购。同时，在市场上继续寻找可供该种商品的新供应商，若认为可以供货，就可从新供应商采购一部分，即由独家采购转为多家采购。企业应如此循环往复地进行比较分析，进行选择。独家采购和多家采购对比见表5-4。

表5-4 独家采购和多家采购对比

项目	独家采购	多家采购
价格	规模经济，成本优势	供应商竞争，价格优势
安全	安排简单，关系稳健	预备货源，方便应急
长久发展	供应商在主动性、设计创新方面有积极性	对自满和冷淡供应商有刺激作用
市场结构	独家供应导致垄断	扶持第二家促进竞争

案例2 普利司通轮胎独家赞助F1赛事

从下赛季开始F1将进入一个崭新的时代，日本普利司通轮胎将成为F1的唯一轮胎供应商，这对于他们来说既是机遇又是挑战，如何最大限度地为各支车队提供好轮胎是他们不得不面对的难题。为此普利司通轮胎正在考虑将美国全球方程式冠军赛事（ChampCar）

采用的"红色轮胎"规则引入F1，这是日本轮胎巨人为新赛季作出的积极回应。"可选择"这一规则降低了轮胎供应商的成本。因为在如今的F1赛事当中，各家轮胎供应商也是为车队提供两套有所区别的轮胎，但是各家车队只会在比赛周末使用其中的一种，另外一种轮胎就被白白浪费。如果引入了"红色轮胎"，那么车队必须使用两套不同的轮胎，这使得资源得到了最大程度的利用。接下来是案例分析。

优势：

选择单一供应商并不意味着结成伙伴关系，它可能出于以下原因：

①可以比多供应商投标方式获得更多利润。

②企业间针对特定市场结成联盟。

一些采用单一供应商的企业认为对于垄断性产品应选择单个供应商采购，保持和上游厂家的"战略伙伴"关系。当一个企业的某些产品需要采购的数量不是很多时，如果只有单一供应商，就能集最大的采购量作为筹码与之谈判，一定程度上压低价格，达到降低采购成本目的。同时由于是定向供给，进货来源稳定，产品的质量就比较稳定，相互合作也比较有默契.因此对于非战略性简单产品，可以保持简单的买卖型多供应商关系。

对于支持关键技术的产品，要严格限制数量，以保证深入的发展伙伴关系。供应链管理的思想在推崇减少供应商的总体数量，以提高供应商的可管理性和可开发性。这个思想会影响到某一个产品的供应商数量，它需要分析具体情况和具有丰富的操作经验，才能优化决策。

劣势：

虽然任何一家企业都希望通过对产业的早期垄断获得更大的利

益，但是这对于产业发展是不利的，具体如下：

①售后服务相对被动。

②难以形成市场竞争，容易产生垄断。

③固定品牌采购容易滋生腐败。

案例3　东芝开启多家采购政策

东芝将打破自己一直固守的仅采购英特尔芯片的政策，开始购买AMD的微处理器。据MarketWatch网站报道，身为全球第四大笔记本电脑制造商的这家日本公司，为了努力将零件采购成本降低至少10%，今年夏天推出的部分机型将采用AMD的芯片。按照计划，东芝在美国和欧洲销售的笔记本，约20%将开始使用AMD处理器。东芝仍将在高端产品线上使用英特尔的产品。之所以决定在低价电脑上采用AMD芯片，是因为消费者和小企业对它们的质量信心日盛。在PC的整体成本中，包括周边电路在内的微处理器约占25%。东芝现在没有确定它的AMD电脑价格，但预计将较可比机型低数千到一万日元。在2004年，英特尔在全球的市占率还有近90%，但由于AMD携价格较低的产品展开猛烈攻击，英特尔市占率目前已下滑到了80%左右。

案例分析如下：

采用多供应商策略有下述原因：

①供应商无足够的生产能力，为保证出货，必须选多个供应商。

②采用多供应商策略的主要目的是企业规避风险。避免一家独大，无法控制价格是一方面，主要是万一出现无法抗拒的原因导致无法交货时有防范措施。

优势：

①采用多供应商策略会给企业的资金管理带来好处。多个供应商的资金承受能力总比一家强，当企业短期资金周转有问题的时候，可以充当缓冲。

②虽然采用多供应商策略会给供应链管理带来数倍于原先的工作量，这不仅仅体现在供应商数量增加带来的工作量（评审、质量跟踪及控制等），还包括为了维持与供应商的伙伴关系，合理的调节订单分配也是一项很微妙的工作。但是，企业通过招标可在交货、质量和成本方面获得最大利益；使采购具备透明度；使采购行为具备一个基准；可与全球行业趋势保持同步。

③多供应商采购可以解决价格上的信息不对称问题。众多供应商的参与能使需方及时了解市场上某种商品的平均价格，从而作出准确的决策。这也是目前招标采购受欢迎的原因之一。

④多个供应商采购有利于产品的创新。供应商之间的竞争会促使其推出新的替代品。无论是外形变化、材料变化、结构变化都会使人耳目一新。因为产品增加了附加值才会更有竞争力，才会使买方更乐意接受。

⑤多个供应商采购可以促进协作，单个供应商采购容易产生"从一而终"现象。无论是买方市场还是卖方市场，供需双方是平等的。买方市场条件下，需方也不能"俯视"对方。在信息时代，新技术每天都在产生，从多个供应商中选择能使你与新技术同行。要认识到供应商中存在着大量的专家型人才，重视他们的意见能实现双赢。

劣势：

①供应商过多则采购量分散。

②采购价格没有优势。

③订单处理程序复杂。

④流通费用过高。

不同的阶段，不同的产品种类，不同的规模，对于供应商数量的规则应该不一样。对于某一个部件来说，AVL（Approved Vendor List，供应商名录）应该越多越好；对于一个大公司来说，通常AVL应该越少越好。

例如在新产品研发阶段，对于每一个部件，无论是专用的CPU，还是通用的电阻电容，最好考核或认证两家以上的供应商；在批量采购阶段，可以根据供应商的表现逐步优化。此外，对于不同的商品，具体的策略也不一样。例如，存储器可能需要五六家供应商，而PCB光板可能只需要两三家供应商。

通常在公司的快速发展阶段，供应商的数量会迅速膨胀，特别是对于各个研究部门相互独立的公司。发展到一定阶段，供应商的优化就必不可少。

总之，供应商的管理是一个综合课题，只有根据具体情况进行选择和优化，才能更规范地管理和开展降成本活动。

四

第十八板斧：
定期推进VE/VA和CD活动

1 采购三大职能

采购三大职能（图5-1）为采购开发、采购维护和降成本作战。降成本是采购的关键职能，降价的手段五花八门，不同的人和不同的公司会采用不同的方式。

2 与供应商一体化作战，共同推进收益共享

（1）简单粗暴法——大刀砍价

"怎么降是供应商的事情，我只要结果。"这样根本不知道会不会砍到骨头，长此以往，供应商极有可能放弃合作，给持续供应带来很大的风险。

（2）迂回政策——整合管理

所谓的整合，就是所谓的"打包"以产生规模效应。成本有两种类型，一种是固定资产敏感型，通常整合会奏效，因为可以分摊固定成本；第二种是变动成本敏感型，整合就无能为力，因

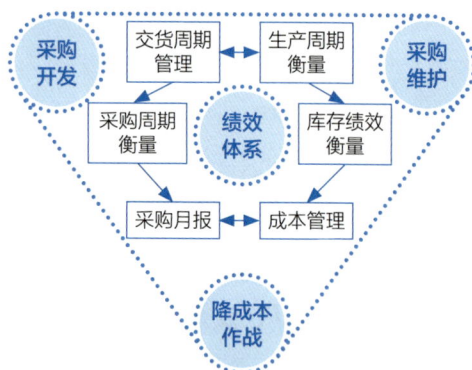

图5-1 采购三大职能

为供应商有可能做得多亏得多。

（3）VE活动——共赢共生

定期开展VA/VE（价值分析/价值工程）活动，是降成本的高阶水平，是通过降低供应商的成本进而达到降成本的目的，同时也能保证利润，实现双赢的目的。

在推行VA/VE活动时，需要高层支持和跨部门合作，需要采购主导，联合研发、工艺、品质等跨部门共同参与，助力供应商改善，实现共赢。

3 供应商VE活动推进的成功要素

（1）高层支持。

（2）资源保障。

（3）专家力量。

（4）成员参与。

（5）充分沟通。

（6）彻底执行。

4 开展供应商VE活动的方向

表5-5　供应商VE活动的方向

序号	类别	具体实施要点	责任跟进
1	材料、外观	1. 减少材料的用量 2. 使用更廉价的材料 3. 简化表面处理和防护	研发、工艺 采购、品质
2	技术规范	1. 避免不必要的功能 2. 合理公差	研发、品质
3	产品规格	1. 将不同的功能整合到同一产品 2. 将不同的功能分解到不同产品	研发、品质
4	标准化	1. 标准化利用规模效应 2. 模块化 3. 选择目录产品	研发、采购
5	制造工艺	1. 改进生产技术 2. 面向制造和装配的设计	工艺
6	装配作业	1. 方便操作 2. 减少调整 3. 减少特殊工具的使用	工艺

除了研发工艺的前端支持改善外，工艺对供应商制程的改善辅导也要重视。我们经常发现在供应商生产现场存在许多浪费和改善点，而因供应商现场管理能力不够，未识别改善点，导致制造成本太高无法降价。

东莞某电子厂是一家批发零售公司，主要产品为化妆品、日用百货、电子配件、五金配件、塑料制品、包装材料等。产品供应链主体主要是塑胶、五金、电子、包材等部件。

2020年5月，为打造企业成本竞争力，该公司在零牌顾问机构辅导下开启降成本活动，其中重点活动就是和供应商一起推进VE降本活动。在活动动员大会上，总经理安妮提出开展VE活动的方针"降价不降利润"。不是去降供应商的利润，而是一起找出浪费，共同改善，实现双赢。

为此，公司采购团队在顾问老师辅导下，选定电池和包材作为重点供应商VE活动开展，通过高层的对接互访、现场工艺审查、生产组织梳理和现场管理优化，识别出管理过程中的改善点进行改善，对于供应商改善能力较弱的企业，外派精益工程师亲临现场辅导，在短短的2个月中，实现降价3个点的目标，采购改善收益达180多万元。而供应商在降价3%后，仍然没有降低利润目标，真正实现双赢。

第十九板斧：
与战略供应商高层交流

制造组织与供应商之间要建立一个有效的机制。在此机制内，制造厂与供应商在基于相互信任的基础上，能够进行全面充分的高层信息沟通，并由有力的团队成员来推进项目进行，防止问题出现并解决所出现的问题，最终促进供应商能力提升，使双方共赢。与战略供应商高层交流的作用如图5-2所示。

图5-2 与战略供应商高层交流的作用

⊖ 更换供应商，指如果无法达到降本目标，则需要更换供应商，重新开发供应商。

从图5-3所示的采购决策单元中，我们清晰知道双方的合作是否稳定取决于决策层，同样，在推行降成本活动中，也要高层推动，实施彻底降本。一般的对接都是公司和采购对接供应商的业务部门，但是受权限和资源所限，对接部门不能直接决定，这就需要双方最高层坐在一起讨论交流，把握大方向，确定主线，再由各职能部门落实跟进。

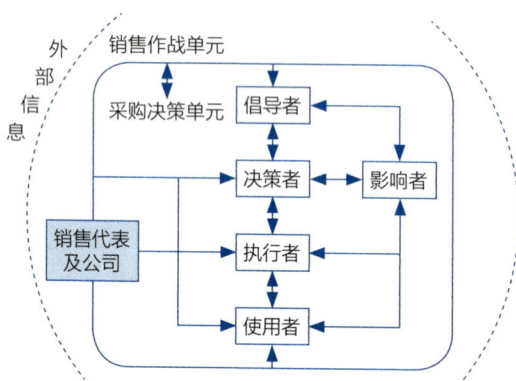

图5-3　采购决策单元

许多企业高层，因为工作忙、时间紧，不可能做到每家供应商高层都有互访交流，但是可以先从战略供应商开始，每年初相互交流年度采购战略和采购计划，同时确定降本目标及降本活动，每年末组织参加战略供应商大会，共同检讨年度的QCDS指标达成情况，识别问题持续改善，过程中如果有重大问题时也是相互交流沟通的最好契机。

供应商访问时组织高层出面，一则体现重视，二则加大推进的力度，特别是对于那些有意向的战略供应商，或者对于有重大问题的供应商来说，高层访问尤为重要。

另外，对于存在重大问题或者风险的供应商，也需要高层的支持，到供应商处与供应商高层进行沟通协调。通过高层访问，可以进一步了解供应商对组织的合作意愿，以及供应商近期或中长期的目标和计划，以使组织在采购策划时有更多的参考信息。

在供应商访问中，重要的一点是听取供应商的反馈，可以包括问卷调查、正式或非正式地交谈、侧面地了解，或者是了解其他制造组织的经验等。

案例5　高层出面，降本达成

王松是某灯饰厂采购经理，降本压力大，天天想着如何让供应商降价，而供应商的回复是他们已经到了极限，无法降价。

经过梳理，王经理从2019年的采购数据中分析得出灯架是目前采购金额最大的部件，而2020年仍有大量订单，可以说灯架的供应商是最好的降本对象。为了达成降价5%的目标，王经理和采购团队与供应商团队经历了多次反复的谈判，对方坚持不让步，回复就是无法降价，王经理只有请公司总经理杨总出面与对方总经理见面交流。

前面我们提到，一个项目或活动的成功，首要条件就是高层要重视，恰好杨总也有计划和对方总经理周总交流，从合作至今，双方还没有面对面坐在一起交流过。

双方高层的交流在项目组的推动下非常愉快且高效地完成。双方交流会中，杨总对今年采购战略进行说明，同时提出降本要求，周总看了内部的分析报告，结合杨总的年度采购计划后回复可以分阶段完成降价，先降3个点，等公司派人支持现场改善后，达到了效率提升目标，再降到5个点，双方讨论一致确定，正式实施降本计划。

除了谈到本次的降本外，双方还确定了新产品研发的供应商前置参与、共同制程改善技术支持和生产技术支持、双方人才交流学习等课题，真是见面三分亲，见面三份情呀！

从双方高层交流后，降本计划目前已经实施3个月，采购收益150万元。

第二十板斧:
定期监察重要供应商现场

定期对重要供应商现场监察,对现有供应商进行表现考评及年度质量体系审核是供应商管理中的重要内容。

供应商现场监察则是供应商审核的一个重要方面,由于现场管理在企业管理中占据着特殊的重要地位,因而一般的公司往往将现场监察审核项单独列出,当然也可视情况要求将它当成是供应商审核的一部分与供应商审核一起进行。如图5-4所示。

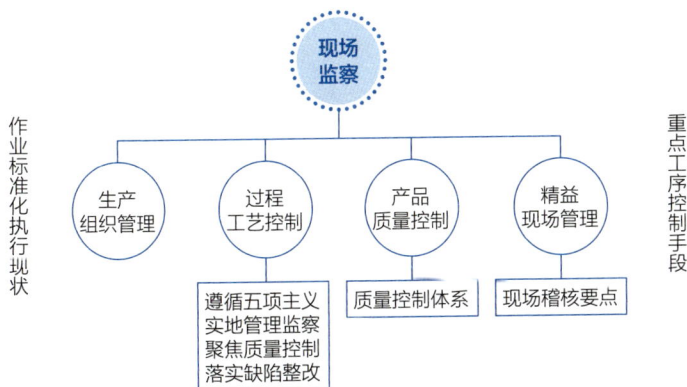

图5-4 供应商现场监察范围

1 现场监察范围

在监察供应商现场时，主要围绕精益现场管理、生产组织管理、过程工艺控制和产品质量控制四个要点稽核。

（1）精益现场管理

监察供应商现场是否推行精益现场管理，现场区域规划是否明确，现场是否各个责任区、功能区都清晰明了，人和货通道是否划分，现场各个区域是否专人属地管理。

监察供应商现场的货品、标识是否清晰，现场目视化管理是否规范，是否清晰管理动态和状态，能否做到不需要问别人都知道现场的管理状态，车间是否有看板及看板有无更新等。

监察供应商从车间到班组，从设备到员工行为，从员工作业到工作机制是否建立标准化管理，设备操作规程、点检基准、维保基准、安全防护要求、工艺作业标准等是否制定并运用SOP作业标准。

（2）生产组织管理

现场监察供应商从接订单开始，到订单评审、计划排产、生产组织、物料准备等全过程，评估有没有环节有缺失，是否影响工作效率增加成本（这些就是改善点）。尤其在一线生产安排时的各工序调节最容易找出问题点，对其加以支持改善。

（3）过程工艺控制

对供应商生产时过程工艺的记录、分析要重点确认，确认是否有变更，观察生产过程中的5M1E（指造成产品质量波动的6个因素，人（Man）、机器（Machine）、材料（Material）、方法（Method）、测量（Measurement）、环境（Environment）

变化点是如何监控和改善的。

（4）产品质量控制

现场审核产品首件管理、过程质量管理和尾数管理，关键工序是否重点管理，过程质量偏差时是否召开品质分析会，品质目标偏差时有无专项质量改善活动。

2 现场监察遵循5G主义

现场监察一定不能走马观花，要遵循5G主义，即现场、现物、现实、原理、原则。

我们一定要深入现场，掌握实物、实况，直面现实，遵循原理，遵守原则，立足于解决问题，防止不良再发。

3 现场监察的开展

可根据图5-5中供应商现场监察项目一览表的要求进行现场监察。

供应商现场监察项目一览表

以六西格玛品质满足顾客要求

1. 提供满足顾客所期待和要求的制品来配合顾客取得成功。
2. 将达到品质目标作为经营的首要任务。
3. 彻底遵守现有的技术和作业标准。
4. 以不断的技术开发来提高品质水准。
5. 要求协助企业以同样的方针来运营。

决裁者	辅助决裁	担当

供应商：

考察人：

日　期：

图5-5　供应商现场监察项目

表5-6所示为供应商现场监察项目，其中例证的要点是何时何地，有谁怎么做的？做的内容是否妥当？结果如何？

表5-6　供应商现场监察项目

序号	考察事项	评价内容	评价项目	例证	评分
1	组织，会议，教育以及训练	是否明确公司的组织和职责？	组织明确，发挥着各部门的作用，各部门的职能得到履行		
			有质量管理以及检查的专职人员		
			质量管理负责人等职责分工明确		
			质量保证部门独立，有停止发货的权限		
2		是否有质量会议？	定期召开公司内的质量会议，确认质量目标值的达到情况		
			领导把握质量状况，提出改善指示		
			保存质量会议记录，确定需改进项目，且他们的改进进度情况得到控制		
			改进效果得到验证，有彻底的反馈，其结果令人满意		
3		公司内有没有培训体系？	对不同层次规定了相应的培训体系		
			有全年培训计划，并按计划实施、管理、记录		
			积极地引入QC培训，含质量意识培训、质量管理技能培训等		
			确认培训效果。有批准或认可员工上岗的制度		
4	质量保证活动	有没有质量方针（年度方针）？	有明确的方针且这些方针得到了积极的实施		
			主要的措施根据这些方针得以实施		
			活动结果的进度情况根据这些方针得到了控制		
			目标的设计有确切的数值以便衡量，其效果得到确认，且得到持续贯彻		
5		是否管理着质量目标？	进货检验，生产流程和工作现场都确定了质量目标		
			质量结果得到控制，准确地反馈到前一个流程		
			各流程的质量目标定期审查（质量在随后的流程中得到监控）		
			制订了实现质量目标的行动计划，且有效		

图5-6为供应商现场监察雷达图。

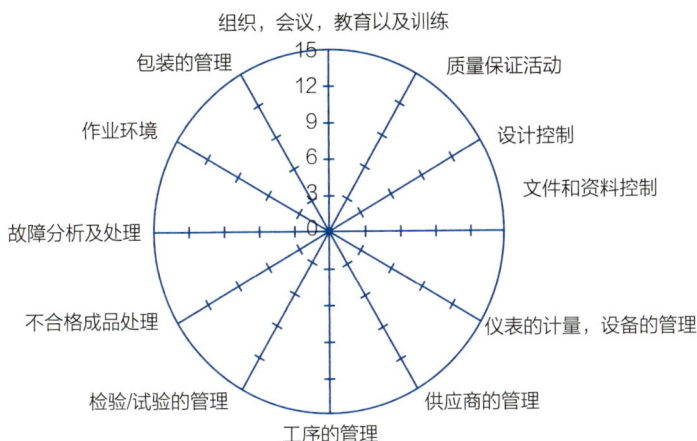

图5-6 供应商现场监察雷达图

案例6　某公司供应商现场审核程序细则

1　目的与范围

本办法规定了对供应商进行现场审核的有关程序，以推动供应商完善质量保证能力的持续改进，确保采购产品的质量满足公司要求。

本办法适用于生产批准或日常供货过程中，发现供应商的制造过程或产品质量不符合公司要求需要进行现场审核时。

2　职责分工

2.1　质量检验部负责编制《供应商审核计划》（附表1）。

2.2　按审核计划或因突发原因需要对某供应商进行现场审核时，由质检部牵头成立临时性的审核小组，并指定1人为组长。该小组负责完成当次审核的全部过程。

2.3　审核小组一般由2至3人组成，应为质检部、生产部、采购部有2年以上工作经验的相关人员。如当次审核有特殊要求，可由其他部门或公司领导参与。

2.4　审核小组组长制定《供应商现场审核任务书》(附表2)明确当次审核的目的、范围和各成员的任务分配。

2.5　审核小组成员按任务分配分头准备审核所需资料（管理文件、技术文件、该供应商历史状况、记录用表单等）。

2.6　审核结束时，审核小组组长负责出具《供应商现场审核报告》(附表4)。

2.7　与供应商的联系由采购部负责。

3　审核流程

3.1　审核内容

按下面五个方面进行审核（详见附表3）：

质量管理

生产仓库管理

设备工装管理

检验管理

改进管理

3.2　审核中发现不符合项，要求供应商整改的，由审核员当场向供应商开出《不符合项报告》(附表5)，提出整改要求。

3.3　编制审核报告

3.3.1　根据得分率K值对该供应商本次现场审核予以定级并填写附表4《供应商现场审核报告》，报领导审批。

A级：$K \geqslant 90\%$

B级：$80\% \leqslant K < 90\%$

C级：$60\% \leqslant K < 80\%$

D级：$60\% > K$

此审核结果作为生产件批准及供货与否的参照时按下表比对。

评定等级	参照条件
A	生产件批准可为"完全批准"，并可作为增加配套份额的首选
B	生产件批准可为"完全批准"，并可正常批量供货
C	生产件批准可为"临时批准"，要进行整改，整改期间可限时限量发货
D	生产件批准只能为"拒收"状态，要进行整改，得到批准后方可供货

3.3.2　将审核结果通知生产部、采购部等参与部门。

3.3.3　将《供应商现场审核报告》连同相关记录交质检部存入供应商档案。

4　现场评审标准

4.1　供货过程中，发现供应商的制造过程或产品质量不符合公司要求，需要进行现场审核。

4.2　对暂停采购的供应商，采购主办发出《供应商整改单》通知其按公司要求进行整改。针对供应商提出的纠正和预防措施，结合供应商实际整改结果，进行现场审核。

4.3　供应商如未及时到位提供货物、服务，延期交付超过3次，公司将到供方处进行现场评审。

4.4　品牌应和公司所确定的此项物品的合格品牌相符，不得有假冒伪劣之物，如发现3次，公司将到供方处进行现场评审。

5　表单和记录

附表1　供应商审核计划

附表2　供应商现场审核任务书

附表3　供应商现场审核表

附表4　供应商现场审核报告

附表5　不符合项报告

> 关注"中科文化"公众号，回复"极限化降成本"，可免费获取以上附表。

第二十一板斧：
供应商常态化工作机制

有没有经常约供应商来公司做业务研讨？

双赢关系已成为供应链企业间合作的一种模式。供应商管理应着眼于如何与供应商建立、维护和保持双赢关系。

1 信息交流机制

信息交换有助于减少投机和重要生产信息的自由流动。因此，企业关联部门务必要经常组织供应商进行业务研讨，共同改进，共同成长。

供应商和制造商之间经常交换和沟通成本、作业计划和质量控制信息，以保持信息的一致性和准确性。

2 实施并行工程

在产品设计阶段，制造商允许供应商参与，以便供应商提供原材料和零部件性能和功能的相关信息，为实施QCD产品开发方法创造条件，及时将用户的价值要求转化为供应商原材料和零部件的质量和功能要求。

3 成立联合工作组

供货商与制造厂之间应建立以小组为基础的工作组，双方有关人员共同解决供货过程和制造过程中遇到的问题。

4 供应商和制造商经常互访

供应商和制造商采购部门应定期互访，发现和解决合作活动过程中的问题和困难，建立良好的合作氛围。

第六章

降成本活动的推进

企业运营千头万绪，通过建立完整的成本管理体系，以图6-1所示的降成本作战流程图为指引，企业的降成本活动才能有序、有效、持续地开展。

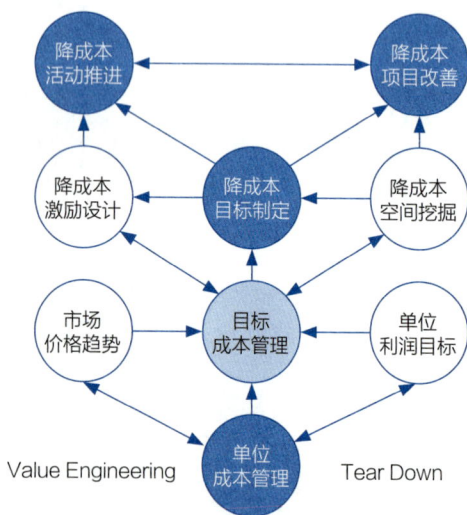

图6-1 降成本作战流程图
注：Value Engineering：价值工程；Tear Down：拆解技术

企业要有效推进降成本活动，需要建立一套完整的成本管理体系，其基本框架：以单位成本管理为基础，以目标成本为核心，以降成本目标为指引，以降成本项目为支撑，以降成本活动为载体。

一

以单位成本管理为基础

产品是一件一件卖的，成本也要核算单位产品。及时、准确的单位成本管理是企业成本管理的首要基础，也就是说，企业要将每个月实际发生的费用科学、合理地分摊到每一件产品上，只有准确地衡量出单位产品成本，细化出其中不同成本结构的金额、比例，企业才能对接到市场销售价格、竞争对手状况和利润目标，找到降成本的空间，量化降成本的幅度，寻找降成本的途径。

二

以目标成本为核心

价格是由市场决定的，一旦制定了产品的利润目标，即可计算出其目标成本：

目标成本=销售价格−利润目标

=市场价格×（1−目标利润率）

所以，企业降成本活动应围绕目标成本全面展开。

以降成本目标为指引

根据单位成本现状，制定降成本目标，包括单位产品降成本目标（即一件产品要降成本多少）和降成本总额目标（即全年度降成本总金额）：

单位产品降成本目标=目标成本−单位成本

单位：元/件

降成本总额目标=单位产品降成本目标×年度销售计划

单位：万元

降成本目标是企业降成本活动的数字化指引，也是衡量降成本活动效果的判断标准。

（四）
以降成本项目为支撑

　　没有项目支撑，降成本目标难以实现。围绕降成本目标，企业务必运用各种技术措施，挖掘降成本空间，找到降成本项目，确保降成本目标的实现。

　　例如，某个产品单台要降成本80元，务必要找到若干项目，每个项目有若干元效果，最终合计能达到80元的单台降成本收益。

（五）

以降成本活动为载体

项目有深度，才能挖掘效益；活动有广度，才能突破阻力。

制定明确的降成本政策，要鼓励全体员工积极参与到降成本作战，企业还需要进行有效的过程设计，在不同阶段策划和实施相应的活动来突破阻力，确保所有降成本项目按计划推进。

根据诸多国际化企业在中国经营的本土化实践，我们开发出企业降成本作战大地图（图6-2）作为企业降成本工作的指引。

1 重视价值工程运用

降成本活动一定要有技术支持。价值工程技术（VE）是企业降成本最重要的管理技术，充分运用价值工程的思想、方法和工具，尤其是通过价值工程的TD技术（比较对照法）、结合产品技术、工艺技术、信息技术（IT）和其他管理技术（工业工程和统计技术），才能全面挖掘降成本空间，找到降成本项目，从源头控制产品成本。

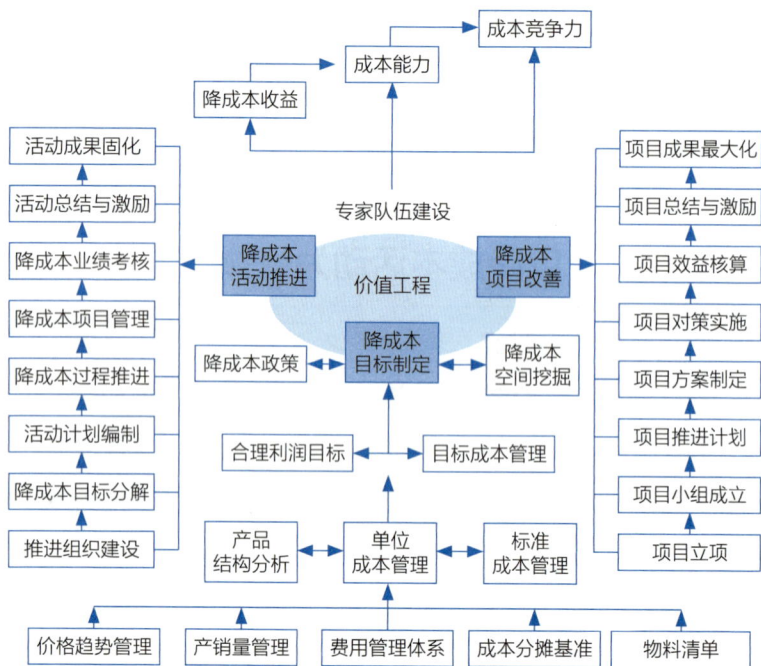

图6-2 降成本作战大地图

2 重视专家队伍建设

企业降成本活动涉及材料、工艺、成本核算、商务谈判和采购开发等诸多方面，企业降成本活动需要广大干部员工全面积极参与，通过降成本活动的开展，锻造一批成本控制方面的领头人，企业发展才有可持续的人才保障。

3 降成本活动三大目标

企业降成本活动有三大目标：创造降成本收益、提高企业成本能力和提高企业竞争力。

（1）创造降成本收益。没有现金收益的降成本活动是无效的，创造经济回报是企业降成本活动的直接目标也是第一目标，实打实的经济收益是衡量项目和活动的第一标准。

（2）提高企业成本能力。企业的成本能力反映的是在残酷的市场竞争中企业创造合理利润的能力，是面向内部的控制能力。降成本活动在创造经济效益的同时，还要在技术、流程、组织和人才方面形成持续挖掘利润的、条件反射式的反应能力。

（3）提高成本竞争力。成本竞争力反映的是企业在市场竞争中保证质量，缩短交期的同时能够降低价格、维持合理利润的战斗力。

在降成本作战大地图的指引下，企业能明确如何构建单位成本核算体系，如何制定降成本目标，如何实施降成本项目，如何推进降成本活动。

竞争力，
从不断解决问题开始

企业靠单一成本的降低是不足以在众多企业中形成优势的。企业想要持续保持优势，就需要更具优势的思维方法。

1988年，美国犹他州州立大学设立"新乡卓越制造奖"，该奖项每年颁发一次，颁奖对象是来自全球任一行业的在任何时间、任何地点达到世界级卓越运营水平的企业。新乡奖被《商业周刊》杂志誉为"制造业的诺贝尔奖"，被普遍认为是在卓越运营原则、持续改进、管理优化方面的最高奖。新乡奖执行董事罗伯特·米勒对获奖企业开展一次研究后，得出一个让人失望的结果："绝大多数得到此奖的企业失去了优势。这些被评估的对象都曾是应用精益生产工具的专业性组织，但却未能将这些工具很好地融入企业文化中。"

在这个研究中，我们看到了曾经获得优势的企业现今优势已不在。在这个研究还提到一个关键的问题，它们未能将这些工具融入企业文化当中。

成本的竞争力，企业的改善运用，都不仅仅是一种工具，需要将这些工具和相关的方法、思维融入企业文化中。如何才能将这些内容融入企业文化中呢？我们采用众多的技术与工具改善，在绩效上获得了暂时的成果，但有证据证明，人类思维和核心流程的转变才是这些实践成功的关键。

思维变化，不仅关注结果指标，更重要的是关注流程。通过将我们学习到的工具与各级流程结合，才能长期地获得优势。比如说：将防错的方法内置到各个工序当中，不良就不再发生，损失可以早一步发现，成本就更低了。还有，现在企业运用的看板、电子显示屏技术，让我们随时都可以监督到当时的产出情况，了解各工序之间的问题，从流程思维来说，就是在过程中发现了问题（问题发现的手段），而不是在无可挽回的结束时才发现。

企业竞争力的形成，不能靠工具的改善来获得，或者说不能单单靠这个来获得。更多的是需要将这些工具和方法的运用融入企业文化中，这样形成的竞争力才能长期保持。

企业经营任重道远，如何让企业在这个不断变化的世界中更有优势呢？有些经济学家提出过丰田强大的原因：所有员工都像上了瘾一样反复寻找与解决问题。